GUERRE DU PIÉMONT

ET

DU NORD DE LA FRANCE

(1545-1552)

PAR

M. J. LEBLANC

Extrait du *Bulletin du Comité des travaux historiques et scientifiques.*
(Section d'histoire et de philologie, année 1893.)

PARIS

ERNEST LEROUX, ÉDITEUR

28, RUE BONAPARTE, 28

1893

GUERRE DU PIÉMONT

ET DU NORD DE LA FRANCE

(1545-1552)

Lettres de M. Bourchenus, maréchal de Brissac, MM. Gilbert Coiffier, Faucon, Grognet, seigneur de Vassé, Guiffrey, Boutières, François de Lorraine, Montfort, Connétable Anne de Montmorency et Albert de Rosset, à Gui de Maugiron, lieutenant-général en Dauphiné.

GUERRE DU PIÉMONT

ET DU NORD DE LA FRANCE

(1545-1552)

Communication de M. J. Leblanc.

BOURCHENUS (DE)

I. — 22 juin 1552. — Montre de l'arrière ban. — Les hommes sont en bon équipage. — Les ennemis ont laissé la porte de Saint-Damien. — Il y a deux cents hommes, dix à douze au château de Mel, cinquante ou soixante au château de Venasque, vingt-cinq à Castigliole, cent vingt à Saluces et vingt à Carptignan, près de Dronier. — Le camp des ennemis est près de Veynes; Les hommes de l'arrière ban demandent leur congé. — Demande d'argent.

Monsegneur, nous fismes hier la montre de l'arrière ban, tant de ceulx de pied que de cheval, et les trovasmes assez en bon esquipage, melhieur que je n'eusse pansé. Monsieur de Montayson [1] m'a dict que avez le

(1) Claude de Clermont, baron de Montoison, chevalier de l'ordre du roi.

vieulx rolle de la monstre que faicte dernièrement à Grenoble ; je vous envoie le rolle des absens.

Monsieur, je euz hier advertissement par homme exprès envoyé au camp des ennemis et marquisat de Salluces et m'a rapporté que les ennemys ont délayssé le païs de Coultoz et la porte Sainct Damyan [1] qui est une des clefz de La val de Mayre [2]. Touchant à Dronyer [3], il y a environ deux cens hommes de guerre, soubz la charge d'ung nommé le cappitayne Phelix et Jehan Loys. Monsieur, au chasteau de Mel, a dix ou douze hommes, au chasteau de Venasqz [4], cinquante ou soixante. à Costilholles [5], environ vingt-cinq ; à Salluces, environ six-vingtz ; à Carptignan, près Dronyer, vingt hommes. Le chasteau de la Mante est bailhé en garde aux gens du lieu. Le camp des ennemys est toujours auprès de Veynnes [6] ; ilz ont esté auprès de la Roquette de Mon de Vys [7], à ce qu'on dict. Messieurs du rière ban m'ont prié de vous escripre qu'il vous supplie que vous leur voulliez donner congé pour eulx retirer, pour ce qu'il leur semble qu'ilz ne se servent plus rien ycy que eulx ruyner en despens ; il vous plaira leur en escripre vostre advis. Quant aux montaignes, je tiens encore troys cens hommes des esleuz de Brianson qui leur fache fort à cause de la despence, et ceulx de chasteau Daulphin [8] et de Querax [9] sont tous les jours après moy pour les leur oster. Me voullant assurer qu'ilz se garderont bien eulx seulz des ennemys qui sont aux garnysons aux environs de leur pays, ce en quoy je ne me suys peu encore fyer. Je vous supplie m'en escripre vostre advys, car je crains fort s'ils sont gens de guerre, comme on dict, quilz ne se assemblent desdictes garnisons pour les courir ; et si crayns que pour les communes qu'ilz sont, je ne les layssent poinct acourir. Si ont eust peu y laysser une de ses bendes qui viennent, le pays en eust esté plus en asseurance jusques à ce que on les aye chassé desdictz chasteaulx et garnysons.

sénéchal de Valentinois, écuyer d'écurie du roi, commissaire des guerres et capitaine de l'arrière ban du Dauphiné.

[1] Veynes, ville d'Italie, sur la Stura, défend le passage du col de l'Argentière.

[2] Mont de Vi. — Mondovi, ville forte des États sardes (Coni), à 30 kilomètres sud-est de Turin, chef-lieu de province.

[3] Château-Dauphin ou Castel Delphino, jadis forteresse importante, à 30 kilomètres sud-ouest de Saluces (Italie).

[4] Querax ou Cherasco, ville de la province de Coni (Italie), au confluent du Tanaro et de la Stura.

[5] Saint-Damien. — San-Damiano, ville de Piémont (Italie) à 12 kilomètres ouest d'Asti.

[6] Val-de-Mayre, vallée de Piémont sur la Maira.

[7] Dronier. — Dronero, ville des États sardes sur la Maira, à 13 kilomètres nord-ouest de Coni.

[8] Venasque, bourg du marquisat de Saluces (Piémont), au nord de Dronero, sur la Vraita.

[9] Castigliolo, bourg au sud de Saluces.

Monsieur, je vous ay souvent escript que me fissiez envoyer de l'ar-
nt, en quoy ne m'avez jamais faict responce. Vous ne me feistes bailher
e trente escutz, de quoy estre rendu à Brianson, les postes n'eurent
viron douze et de quinze et de seize que j'en ay bailhé pour avoir ad-
rtissement de nous ennemys et deux ou troys qui me sont demeurés
ur avoir vescu vendredy que vient ung moys. Vous scavez en quelle
spence il fault que je soye ycy maulgré moy qui est bien grande. Pour
oy je vous supplie m'en envoyer le plus tost que vous pourrez; et si
tes d'advis que le rière ban se retire, je suys aussy d'advys de me re-
er comme eulx, car je ne fays plus guyeres ycy. Vous commanderez
tout vous bons plaisirs, et je prierey le Créateur, Monsieur, vous
nner très-bonne santé et longue vie, en me recommandant très-hum-
ement à vostre bonne grâce.
De Embrun, ce xxii° jour de juing.
Vostre très-humble et obéisan serviteur.

De Brochenus.

Au dos est écrit : A Monseigneur, Monsieur de Maugeron, chevalier de
rdre, cappitaine de cinquante hommes d'armes, lieutenant général
ur le Roy du Daulphiné et Savoye.

— 3 juillet 1552. — L'arrière ban veut rentrer dans ses foyers et les hommes
veulent leur congé. — Sur refus, ils demandent des vivres à crédit, parce qu'ils
n'ont plus d'argent et qu'ils ne trouvent pas d'acheteurs pour leurs chevaux. — Il lui annonce que si M. de Brissac assiège Cordeil, il pourra
reprendre toutes les places des frontières du côté de Piémont et de Saluces. — Il voudrait mettre des hommes à Château-Dauphin pour garder
les passages. — On fait la récolte. — Il a demandé à M. le baron de la
Roche trois ou quatre cents hommes des élus du Gapençais, il ne pourra
les lui fournir que dans dix ou douze jours.

Monsegneur, j'ay receu cejourd'huy vostre lettre datée du dernier de
ing par laquelle il vous a pleu mescripre que ne trouvez bon que le
ère ban se retire chez eulx et que par cy devant le maviez ainsi escript,
quelle lettre, je ney point receue et croys quelle est demeurée en
emin. Touchant à Messieurs du rière ban, Monsieur de Montayson leur
communicqué la lettre que vous luy avez escript, et, bientost après,
en sont venuz en mon logis avecqz ledit segneur de Montayson et ung
taire. Là où il ont requis audict segneur de Montayson de leur donner
ngé pour eulx retirer chez eulx. Ledict Monsieur de Montayson leurs a
spondu en ma présence quil ne leur donnoyt ne entendoyt de leur
nner congé jusques à ce que vous lui mandissiez l'intention du Roy
bien de Monsegneur le Gouverneur auquel vous en aviez par cy devant
cript, et vous en avoir heu responce, vous luy mandiziez leur intention
la vostre. Alors ilz m'ont présenté une requeste disant que je leur feisse
ilher de vivres à crédit et qu'il serviroint tant quil pourriont, et qu'il

n'avoyent plus ne argent ne gens qui voullussent achepter chevaulx ne ardes d'eulx, et que s'il ne s'en alloyent, la plus grand part mourroyt de fayn. Je leur ay respondu que mon pouvoir ne soy estend pas jusques là pour ce que le Roy, par son ordonnance et reiglement qu'on ne pringne vivres sans payer.

Monsieur, si Monsieur de Brissact vient assieger Cordeyl [1] je croy, comme je vous ay escript, qu'il reprendra toutes ses aultres forteresses qui sont en ses frontières du cousté de Piedmont et de Saluces, ce qu'il luy sera aysé à faire; en après, chascun de nous se pourra retirer. Cependant, je vouldrais bien que nous eussions deux ou troys centz hommes pour mettre à Chasteau Daulphin pour se ayder à garder les passages, mays en ce bailliage n'est possible de assembler gens, car chacun est après pour recuelhir sa prinse. J'avoys mandé au baron de la Roche qu'il m'envoyast troys ou quatre cens hommes des esleuz du Gappençoys, pour ce qu'on m'avoyt dict que dans Gapt avoyt troys cens hommes bien esquippez. Il m'a mandé qu'il ne les sçaroyt avoir mys sus de dix ou douze jours et que dernièrement luy *escriptes* [2] que vous ne voulliez poynct que on fist despence au pays. Et pour ainsy, j'espère que dans les dix ou douze jours lesdictes frontyeres pourrout estre reprinses par ledict seigneur de Brissac. Si ainsi est qu'il les viennent assiéger, si est-il à doubter que pour leur dernière main, ilz ne fassent quelque courerie en ce pays de Chasteau-Dauphin, nonobstant qu'il asseurent de se bien garder. Mays se sont communes, le tout ne vault guyere, et doubte fort que incontinent sil voyent gens de guerre qu'il ne s'enfuyent et abandonnent les passages. Il me tiendra à bien les solliciter souvent. Je suys bien marry que ne suys ung peu plus sayn pour aller jusques là, mais despuys quelque temps je me suys assez mal treuvé. Si ferez-je tousjours ce que je pourrey et qu'il vous plaira me commander de aussi bon cueur que je vous vays présenter me très-humbles recommandations à vostre bonne grâce. Priant le Créateur, Monsieur, vous donner très-bonne santé et longue vie.

De Ambrun, ce troysiesme jour de juillet 1552.

Vostre très-humble et hobéisan servicteur.

DE BOURCHENUS.

III. — 3 juillet 1552. — Les élus de Briançon, qui étaient à Château-Dauphin, sont partis sans congé et ont abandonné le lieu où ils étaient. — Il craint une course des ennemis.

Monsegneur, ce matin j'ay receu lettres comme les esleuz de Brianson qui estoyent à Chasteau Daulphin s'en sont allez sans congé chez eulx et ont abandonné le lieu là où ilz estoyent ordonnéz pour la garde du pays

[1] Cordeyl, ville du Piémont.
[2] Escripvites.

ue j'ey trouvé bien estrange. Et si doubte que si les ennemys le sçavent
u'il ne face une courerie en ce pays là don je seroys marry, veu que nous
ommes si bien gardez jusques ycy, et m'en ferez nulle demonstration de
ustice jusques à ce que m'en ayez escript vostre bon plaisir. Si *esse* [1]
ue je leurs en ay escript une bien brusque lettre pour leur démontrer
faulte qu'ilz avoyent faicte, ils ne m'ont excusé sinon qu'il disent qu'il
avoyent pas vivres; mays ceulx de Querax [2] avoyent charge de moy,
uant vivres leur falhoit, qu'il en fournissent pour deux ou troys jours,
puys je le leur faysoys rendre des vivres que je envoyois de ça bas par
ulx dudict Querax qui les vénoyent quérir quant il en avoyent faulte.
ays à ce que j'entendz, il se sont entendu entre eulx, car il y a long-
mps qu'il m'avoyent prié de le leur oster de là et qu'il me doneroyent
ng bon mulet; semblablement, ceulx de Brianson m'avoyent présenté
ente escuz pour les renvoyer en leurs maysons. Et pour ce qu'il ont veu
ie ne leur ay voulu faire, il se sont accordé entre eulx; ceulx de Chas-
au Daulphin et de Querax me sont venuz souvent dire qu'il m'asseu-
ient de se bien garder sans nul aultre, et qu'il estoyent assez fort; que
s ennemys ne les courreroyt ne endommageroyt poynt. Pourquoy, je
urs ay escript que puys qu'il sont cause en partie que ceulx de Brianson
n sont allés, qu'il se prennent garde de rennforcer leur guet et les faire
bon qu'il ne soyent poynt couruz des ennemys ne endommagez, et que
l le sont, je m'en prendrey à leurs personnes et à leurs biens, pour ce
ie souvanteffoys par ci-devant les consses et les plus apparans de ce
ays là m'ont asseuré de eulx mesmes se bien garder; Dieu veulhent
i'il le puyssent bien faire. Messieurs de l'arrière-ban sont desliberez
s'en aller demain chacun chez soy. Si Monsieur de Brissac vient as-
éger Carrux [3] et Salluces comme on dict, je croys qu'il s'en viendra
là à Dronyer, Venasque et le Mel [4] et aux aultres places qui nous sont
ochaines que les ennemys tyennent; je m'en pourrey bien aussy retirer,
ir je ne feys plus guyeres en ce pays.
Monsieur, je vous supplie me escripre du tout vostre bon voulloir pour
celluy accomplyr d'aussi bon cueur que je prie le Createur, Monsieur,
us donner très-bonne santé et longue vie, vous présentant mes très
imbles affectionnez recommandations à vostre bonne grâce.
D'Ambrun, ce troysiesme jour de julliet 1552.
Vostre très-humble et hobeisan serviteur,

DE BOURCHENUS.

[1] Est-ce.
[2] Queyras, village de l'arrondissement de Briançon (Hautes-Alpes).
[3] Carru, ville des États sardes (Coni), à 13 kilomètres nord de Mondovi.
Val Mil, ville du Piémont, au nord de San-Damiano.

IV. — 4 juillet 1552. — Il lui envoie la copie de la lettre de M. de Villeneuve, capitaine de Barcelonne ; — il a entrepris de se saisir de la ville de Saint-Estève, car c'est le seul passage venant de Nice. — L'armée de mer de l'empereur s'est trouvée dans une tourmente. — Les ennemis se sont emparés du passage de Saint-Estève ; — il craint que les gens amenés d'Espagne et débarqués à Nice ne viennent par ce passage ; — il n'a pas d'homme et l'arrière ban est en partie rentré dans ses foyers.

Monsegneur, j'ey présentement receu des lettres de Monsieur de Villeneufve [1], capitaine de Barcellone don vous envoye ung double par laquelle vous entendrez si mon entreprinse de me saisir de la ville de Sainct Esteve [2] ne estoit bien bonne, car il n'y a aultre passage venant de Nyce en ce pays de ça et n'y ont point envoyé ses quatre ensegnes sans bonne cause. Et si croys fermement que si l'armée de mer de l'empereur ne se feust trouvé en tourmente, ils feussent dessenduz à Nycé et de là venuz audict Sainct Estieve et courir ce pays ycy, car il ont belle retraicte et passages ouvertz à présent pour eulx. J'ey escript audict Monsieur de Villeneufve pour ce qu'il disent qu'il ne le veullent point courir que c'est alheurs qu'il les feront plus tost et qu'il s'en pregne bien garde. Il est fort à doubter que puys qu'il se sont saysis de ce passage de Sainct Estieve et que André Dorye est tourné en Espagne, que ce ne soyt encore pour charger des gens et qu'il ne les vienne descharger à Nyce, et de là à s'en venir à Sainct Estieve, et de là, courir tout le pays que n'y mectra ordre. Je n'ay ycy personne, comme vous scavez que les communes qui ne vallent rien et si ne les pourra on assembler à cause de la prise. Pourquoy il seroit bien requis d'avoir ycy des gens de guerre pour garder les passages, cas advenant qu'il eust des gens prestz pour embarquer. Quant à nostre riere ban, il s'en sont allez la plus grande partie et s'en vont encore à toute heure, et si ay mandé à Monsieur de Montayson qu'il feist faire crye que homme ne bougast ne habandonastse l'ensegne, ce qu'il a faict. Qu'est tout ce que je vous puys escripre à present, ormys que je me recommande très humblement à votre bonne grâce, et si prie le Créateur, Monsieur, vous donner très-bonne santé et longue vie.

De Ambrun, ce quatriesme julliet 1552.

Vostre très-humble et hobéisant serviteur.

De Bourchenus.

V. — Copie de la lettre de M. de Villeneuve, capitaine de Barcelonne.

Monsieur, je n'ay pas voullu falhir [3] vous fère part des novelles que j'ay heu devers Nicc, et aultant n'eusse-je faict despuys que vous estes à

[1] Voir lettre ci après.
[2] Saint-Estève, canton de Barjols (Var).
[3] Falhir, faillir.

Ambrun si j'eusse heu chose qui heu mérité. Jeudi passé, l'armée Impérialle passa audict Nice en nombre de soixante galleres, une grosse nefz et cinq escorchepins, et, par le mauvays temps, quatorze gallères estoient esgarées de la troupe et se sont retrouvées à Morgnes, et l'home mesme qui m'en a rapporté les novelles a veu le prince Dorye sur sa gallere. Et pour ce que ceulx de Saint Stieve en terre neufve qu'est à cinq lieues de la ville estoient esbays de la compagnie de Monsieur..... qu'estoit à Alles et de là à..... qu'est en ce cartier. Le colonel dudict Nice leur a envoyé quatre cappitaines Italliens pour s'y besoing est, assembler les gens dudict pays, mais yllont exprès commandement de ne bouger si l'on ne bouge de par de çà. Ladicte armée s'en va descharger sept mille hommes à Savone[1] pour aller en Piedmont et despuys s'en retorne en Espaigne. Si je entends rien aultres novelles, je ne falirez vous en advertir, vous plera en faire autant de vostre cousté, et, cognoissant si je vous puysse fere quelque plesir et service, me trouveres bien prest. Me recommandant à vostre bonne grâce, priant le Createur vous donner, en très-bonne santé, vie longue.

De Barcilone, ce 11e julliet.

Votre entier amy.

NICOLO DE VILLANOVA DEL FOLLIZO.

MARÉCHAL DE BRISSAC.

VI. — 23 octobre 1550. — Saisie de l'abbaye de Barge, malgré l'opposition de dom Fernand. — Il y a fait mettre une compagnie en garnison. — Il le prie d'avertir les capitaines du Dauphiné de se tenir prêts à marcher au premier appel.

Monseigneur, m'estant puis peu de jours en ça, saysy de l'abaye de Barges[2] estant de la jurisdiction du Roy et par mesme moien de quelques foryssuz que se retiroient. Le sieur domp Ferrand[3] ne l'a peu et ne peult encore bonnement gouter d'aultant qu'il prétend ladicte abaye estre de jurisdiction césarce; et, en cela tout le droict dont il veult le plus s'édiffier est que par quelques années que feu Monseigneur le prince a esté par deçà, par obliance, mégard ou aultrement, on a laissé ladicte abaye sans autrement la faire déclérer nostre comme de droict et équité elle nous appartient de tout temps et de vray. Si la garnison de quelques gens y eust esté mise comme peult estre pour quelque bon respect, ledict seigneur prince n'a volu mectre, on ne fut entré comme de présent faict

[1] Savone, ville murée des États sardes sur le golfe de Gênes, à l'embouchure de l'Egabona. Port.

[2] Barges, ville de la province de Coni (Italie).

[3] Fernand de Gonzague, troisième fils de Jean François II, duc de Molfesta; il s'acquit, au service de Charles-Quint, la réputation d'un des meilleurs généraux de l'Italie.

ledict sieur domp Ferrand en la dispute et querelle de ladicte abaye qu'il dict appartenir à l'empereur. Touteffois comme de chose que justement et sainctement appartient au Roy, prévoyant quelque peu l'importance dont elle est, je y ay faict mectre une compagnie en garnison pour ne nous déposseder poinct de nostre ancienne possession. Et d'aultant, Monseigneur, que ledict sieur domp Ferrand ne se trouve en cest endroict guières bien satisfaict comme devroit estre pour la raison, il faict quelque contenance de s'en récompenser, ce que néantmoins je ne puis croire pour si peu de chose, estant d'ailleurs fondé en si peu de droict s'il voloit bien le préméditer. Au fort, pour luy oster tout moien de rien entreprendre, j'espère que s'il s'y joue, il nous treuvera sy bien sur nos gardes qu'il n'y profitera aucune chose que de perte de temps. Et en cest endroict, je ne veulx oblier vous dire que le Roy, à mon partement de la court, me dict qu'il vous avoit chargé expressément de tenir quelques gens en Daulphiné prestz à marcher quand la nécessité y seroit par de çà suyvant l'adviz que je vous en pourroys donner. Il m'a semblé, pour ce regard, vous devoir prier de bien bon cueur d'advertir les capitaines ausquelz la charge en a esté donnée de se tenir prestz pour marcher quant le besoing y sera, et qu'ilz en seront requis de ce que à faulte d'eulx les choses ne se peussent conduire selon les occurences que s'y pourroient présenter. A quoy je m'asseure que vostre saige et prudent conseil saura très-bien remedier. Au demeurant, il y a un banny de ce pays que depuis quelques jours j'ay fait constituer prisonnier qui m'a dict comme certains autres foryssuz ont dessaigné et entrepris quelque chose sus le chasteau de Querascq ; de quoy, je vous ay bien volu advertir pour y donner l'ordre dont vous savez tropt mieulx user pour le service de Sa Majesté. Et sur ce, me recommandant de bien bon cueur à vostre bonne grace, je prie le Créateur, Monseigneur, vous donner, en santé, bonne et longue vie.

De Thurin, ce xxiiie d'octobre.

Vostre entièrement meilleur amy.

BRISSAC.

Au dos est écrit : A Monseigneur, Monseigneur de Maugiron. chevalier du roy et lieutenant général en Daulphiné et Savoye en l'absence de Monseigneur de Guyze.

VII. — 3 novembre 1550. — Les quarante lances de feu M. le prince de Melphe passent en Dauphiné et les siennes en Savoie ; — il le prie de faire préparer des vivres pour sa compagnie suivant l'ordonnance du Roi. — Les lances du prince de Melphe sont attendues à Lunebourg.

Monseigneur, je suys très aise de la résolution vous avez prinse pour faire passer les quarante lances de feu Monseigneur le prince de Melphe [1]

(1) Jean Carraciol ; d'abord grand sénéchal du royaume de Naples, il devint

du cousté de Daulphiné et les miens par la Savoye que j'estime, leur sera beaucoup plus court et plus commode encores, Monsieur, que pour ceste heure je ne vous puisse rendre certain du temps que pourra venir madicte compagnie. Incontinant que j'en auray nouvelles, je vous en ferez advertir affin que, à mesure de leur acheminement, ilz puissent trouver vivres es estappes pour s'accommoder en paiant suyvant l'ordonnance du Roy. J'ay, au pardessus, suyvant vostre déliberation, escript à celluy qui conduict les quarante lances dudict feu sieur prince de tenir le chemin du Daulphiné, s'il a nouvelles que les estappes y soyent dressées comme le m'escripvez. Encores, j'ay reçu lettres d'un commissaire qui est à Lunebourg [1] par lesquelles il m'escript estre là actendant icelles quarante lances. Vous advisant au pardessus, en tout ce que me vouldrez emploier, que me trouverez de vous meilleurs et plus seurs amys et aussy prest à vous satisfaire que je désire estre recommandé de bon cueur à vostre bonne grace. Priant Nostre Seigneur. Monseigneur, qu'il vous doinct, en santé heureuse et longue vie.

A Thurin. le IIIᵉ jour de novembre 1550.

Vostre entièrement meilleur amy.

BRISSAC.

VIII. — 31 mai 1551. — Le bruit court que dom Fernand a fait enlever les Espagnols qui étaient à la frontière pour les envoyer à Parme. Il fait assembler à Poyrins neuf enseignes de gens de pied et de la cavalerie pour garder la récolte et empêcher une entreprise sur quelque place; — il lui recommande de nouveau de faire tenir les capitaines prêts à marcher.

Monseigneur, auparavant la réception de voz lettres, je vous avoys satisfaict quant à l'hédict de la chambre des comptes que j'avoys mis és mains de Monsieur l'audicteur Casault. Comme j'estime que vous pouvies avoir esté despuys adverty par ledict de Casault, et il ne me reste doncque, pour ne rien oblyer du contenu en vostre lettre que à vous faire part aux nouvelles de ceste frontière que vous désires entendre et qui sont telles que noz voisins font levée de gens et en bon nombre. Et a ledict sieur dit dom Ferrand faict enlever les Espagnolz qui estoient en ceste frontière despuys peu de jours pour les faire aller au dégastz du Parme comme il en faict semer le bruyct. Touteffois d'aultant qu'il faict sa masse, on est pour le doubte que ce ne fût pour aucun sien particulier desceint qu'il eust envye de templer [2] sur aucune de ses villes fortes, je me suys pansé de faire de mesmes assemblée de gens à Poyrins [3] où j'ay faict marcher neuf enseignes de gens de pied et quelque

lieutenant général des armées de François Iᵉʳ. Mort à Suze le 29 août 1550, âgé de soixante-dix ans.

[1] Lunebourg, ville du Hanovre.

[2] Templer, tenter.

[3] Poyrins, village d'Italie, au sud-ouest de Quiers.

nombre de cavalerye pour deux fins : l'une pour gaigner quelque temps affin de les entretenir et garder leur allée si prompte à Parme pour la récolte qui est fort prochaine, et l'autre que s'ilz avoient envye de venir assiéger quelque une de noz places, qu'il fauldra et toutes autres choses nécessaires pour la garde et seurcté de la place et dont j'ay bien voulu vous advertyr comme l'un de mes bons amys que je vous estime, à celle fin que si vous oyez parler de telle assemblée, vous soyez adverty des causes qui m'ont meu à la faire, et, je ne fauldray pas, si les affaires s'eschauffent d'avantage et que je congnoisse le besoing de vous mander pour les quatre enseignes du Daulphiné affin de les faire achemyner par deça. Et cependant, il ne y aura pas nul mal de solliciter les capitaines pour tenir prestz leurs gens, en quoy je m'asseure que vous feriez user de la diligence requise pour le service du roy. Et en cest endroict, je me commanderay de bien bon cueur à vostre bonne grâce, priant Nostre Seigneur qu'il vous doinct, en santé, longue vie.

A Thurin, le dernier de may 1551.

Vostre entièrement meilleur amy.

BRISSAC.

IX. — 23 septembre 1551. — Il a donné commission au baron des Adrets pour faire revue de sa bande ; — il le prie de lui permettre de lever des hommes en Dauphiné et de l'aider pour le logis et les vivres de ses soldats.

Monsieur, suivant l'intention du Roy, j'ay baillé commission au baron des Adrets [1] que bien congnoissez pour envoyer faire la creue de sa bande. Je vous prie, pour le service du Roy, estre content qu'il se lève des hommes et luy faire prester pour ce regard toute l'ayde, part et faveur dont il nous pourra faire requérir, comme d'un lieu pour faire l'assemblée de logis et vivres en payant raisonnablement. Ce que faisant, oultre ce que j'estime, ferez service très agréable à Sa Majesté, je le recevray à bien grant plaisir, ordonnant et commandant s'il vous plaist à celluy qui fera ladicte levée, qu'il use de diligence et la face la plus prompte qu'il sera possible. Me recommandant en cest endroict de bon cueur à vostre bonne grace, je prie Nostre Seigneur, Monsieur, qu'il vous doinct, en santé, ce que désirez.

De Quiers, ce XXIII° septembre 1551.

Vostre entièrement meilleur amy.

BRISSAC.

X. — 17 août 1552. — Siège et prise de Busc, de la ville et du château de Dronier et de quelques châteaux environnants. — Les Impériaux chassés de la vallée de Dronier. — L'armée ennemie renforcée de dix enseignes de

[1] François de Beaumont, baron des Adrets, le célèbre chef militaire des protestants du Dauphiné.

ansquenets; — il s'est retiré avec son armée à Carmagnole; — bruit de
l'arrivée de l'armée turque par la rivière de Gênes. — Cette armée a pris
à l'empereur sept galères chargées de lansquenets.

Monsieur, je vous veulx bien faire part de mes nouvelles, mesmes,
comme le unziesme du présent, je prins la ville de Busques [1] à ma dis-
crétion et volonté après l'avoir assiégée et faict battre despuis trois
heures de nuict jusques à deux de jour seullement, et le lendemain, je
prins d'assault celle de Dronniers et le chasteau estant dans icelle
après aussi l'avoir faict battre durant deux heures. J'ay aussi prins
quelques chasteaux estant dans les vallées dudict Dronniers et marie et
chassé d'icelles les Impériaulx estans....... que de ce que je feys ne soyt
commis à desrobée pour le peu de forces que j'ay, que je désire estre
telles que ma volunté est pour faire d'avantaige, pour le service du Roy,
que je ne feys. Lesdictz Impériaulx se sont renfforcez de dix enseignes de
lansquenetz, outre celles qu'il avoient et d'autres Italliennes qui est la
cause que je me suys retiré avec mesdictes forces en ceste ville. J'ay
entendu par quelques gens venans de la rivière de Gennes que l'armée
turquesque a prins sept gallères de l'empereur chargées de lansquenetz
allant pour son service au roiaulme de Naples et faict plusieurs autres
belles choses en ses quartiers dont je vous ay bien voullu faire part. Vous
priant de la vostre m'escripre de voz nouvelles. Qui sera fin après m'estre
recommandé de bien bon cueur à vostre bonne grâce et avoir supplié
nostre Seigneur, vous donner, Monseigneur, en très-bonne santé, longue
vie.

De Carmaignolles [2] ce XVIIe, jour d'aoust 1552.

Je vous veulx bien assurer que Monsieur de Gyé, vostre filz, faict
bonne chière.

Vostre entièrement meilleur frère et amy.

BRISSAC.

— 21 août 1552. — Il lui demande de faire marcher les quatre compagnies du Dauphiné pour aller en Piémont.

Monsieur, toute la responce que je puis faire à la lettre que vous
m'avez dernièrement escript du XVIe de ce mois, est que suivant la
volunté du roy, si je voy qu'il soit pour son service besoing de faire
cheminer les quatre compagnies du Daulphiné pour venir par deçà, je
me faudray de vous en advertir par ung courrier exprès ainsi que je
vous ay escript par ma dernière lettre par laquelle je vous prioys de
mander le temps dans lequel lesdictes compagnies pourraient estre
levées et rendues en ce pays. Ce que aiant entendu par vostre dicte
lettre, je regarderay de me résouldre à vous en advertir ung peu de

[1] Busca, ville à 15 kilomètres nord-ouest de Coni (Italie).
[2] Carmagnola, ville à 26 kilomètres sud-est de Turin.

bonne heure, quand je cognoistrez en estre de besoing, car à ce que vous m'en faictes entendre, il fault quinze jours pour la levée de leurs gens, et le moingz qu'ilz puissent demeurer à venir par deça, sont huict autres jours. Pour ceste heure, je ne puis suffisamment répondre si nous en aurons affaire, cella se pourra seullement cognoistre sellon le département des affaires par cy-après. Me recommandant sur ce, de bon cueur à vostre bonne grâce ; je prie Dieu, Monseigneur, voz donner bonne et longue vie.

De Thurin, ce xxie d'aoust 1552.

Monsieur, depuis la présente escripte, j'ay receu la vostre, autre de mesme substance à la précédente, à quoy je ne vous direy autre chose sinon que je vous prie commander aux capitaines qu'ilz se tiennent prestz avec asseurance de leurs gens pour marcher quant il en sera de besoing ; car pour ceste heure, je ne vous sauroys autrement mander quant il sera temps.

Votre entièrement meilleur amy.

BRISSAC

XII. — 11 septembre 1552. — Il lui annonce que les appointements des compagnies venant du Dauphiné sont restés entre les mains du payeur. — Il demande l'argent nécessaire pour payer ces hommes lors de la montre qu'ils feront à leur arrivée.

Monsieur, le cappitaine Marcey est venu par devers moy qui m'a faict entendre comme les appoinctemens des compagnies venans de Daulphiné sont demeurez ès mains du paieur, d'aultant qu'ilz n'ont monstré leurs hommes armez selon l'ordonnance. Et cela a esté remis à ce que m'a dict ledict Marcey jusques à ce que je l'eusse entendu et pour ce qu'ilz n'ont eu moien, comme il est assez vraisemblable, de faire pourter ainsi promptement les armes en Daulphiné et qu'ilz se sont remis d'armes leurs gens à leur arrivée en ce pais. A ceste cause, il m'a semblé vous devoyr prier estre content de me faire avoir l'arjent desdictz appoinctemens retenuz ès mains dudict paieur, car à la monstre qu'ilz feront à leur arrivée en ce pais, ilz ne seront paiez, sinon à raison du nombre de gens armez qu'ils pourront monstrer suivant ladicte ordonnance. Aultrement, à faulte de leurs dictz appoinctemens, il leur seroit impossible de pouvoir avoir leurs gens. Je me recommande sur ce, à vostre bonne grâce et prie Dieu qu'il vous doinct, Monseigneur, bonne et longue vie.

De Quiers, ce xie septembre 1552.

Votre entièrement meilleur frère et amy.

BRISSAC.

COYFFIER

Gilbert Coiffier, seigneur de la Bussière, de Chazelles et d'Effiat, Trésorier de France, général des finances et maître des comptes en Piémont,

Savoie et Dauphiné, fut employé par le maréchal de Montéjean en 1538, et s'étant trouvé le jour de la bataille de Cérisolles, en 1544, au premier rang des gens de pied avec les autres capitaines et gentilshommes qui conduisaient l'avant-garde, il fut fait chevalier le lendemain du combat par le comte d'Enghien, lieutenant général pour le roi en Italie et par le Seigneur de Thais, colonel des gens de pied français. Il fut dépêché le 30 août suivant au camp de Jallon où était M. le Dauphin, lieutenant général de l'armée pour lui porter des lettres et avertissements de la part du roi. Acquit en 1557 la terre d'Effiat, d'Antoine de Neufville et fut maître d'hôtel de Madame Marguerite de France par lettres du 18 juin 1564.

Fils de Antoine Coiffier, seigneur de Didogne et des Forges, receveur des tailles au Bas-Limouzin et de Denise Morin.

Marié en 1545, à Bonne Ruzé, filz de Guillaume Ruzé, seigneur de Beaulieu, receveur de Touraine et de Marie Testu (P. Anselme, t. VII, p. 493).

XIII. — 14 janvier 1552. — Il annonce son arrivée à Grenoble venant du Piémont où il a laissé le maréchal de Brissac à Carignan ; — que Carmagnole a été abandonnée de crainte de surprise ; — que le mercredi, 3 du mois, le siège a été mis devant Saint-Damien.

Monseigneur, j'arrivay mardy dernier en ceste ville de mon retour de Piedmont d'où je départy le jour des Roys. Je laissay Monseigneur le mareschal de Brissac à Carignan le jeudi précédent et se y estoit retiré trois ou quatre jours auparavant, aiant habandonnés Carmaignolle pour crainte d'y estre environné des ennemis en une nuitée, chose qui leur eust esté facile de faire à la faveur des longues nuits où nous sommes et aux gaillardes forces qu'ilz ont par dessus les nostres. Vous avez peu entendre comme ilz n'ont osé assiéger Albe [1] et aiant faict le Seigneur dom Ferrand passer les eaux à son armée et pour ne la rendre inubtile, à sa honte et confusion, le mardi troisiesme de ce mois, il mit le siège devant Sainct Damyan. Le mercredi, mondict seigneur le mareschal eust nouvelles qu'ilz faisoient une batterie en la vallée ; mais ilz y prouffitarent si peu que le jeudi, ilz prindrent nouvelle délibération de la myner, et fust descouverte par noz gens de la ville, lesquelz (à ce que je voiz par leurs lettres escriptes à mondict seigneur le mareschal) n'en auroient pas grand peur. Je croy que tout ainsy comme en ung temps, l'empereur s'en parti de Provence et le comte de Hasso [2] leva son siège devant Péronne [3]. La nouvelle sera donc que le seigneur dom Ferrand se sera parti de Sainct Damyan comme l'empereur de devant Metz. Vous en pourrez sçavoir nouvelles plus souvent désormais par moy mesmes et de celles de France et d'Italie qui nous viennent par la voie de Lyon beaucoup plustost que

[1] Albe, ville à 44 kilomètres sud-est de Turin, sur le Tanaro.
[2] Nassau.
[3] Péronne, chef-lieu d'arrondissement du département de la Somme.

vous. Parquoy ne vous en direy plus avant en la présente. Monseigneur, j'ai trouvé, en ceste ville la commission pour l'assemblée des Estatz, ung aultre pour l'augmentation des gaiges de la gendarmerie et une pour les trente six mil livres que porte ce pais pour sa portion des cinquante mil hommes de pied où les paiemens sont semblables aux termes de l'année passée. Je vous les envoye par ce porteur afin qu'il vous plaise regarder le temps qui vous sera plus commode et agréable pour l'assemblée des Estatz, dont il vous plaira m'advertir pour le faire entendre à Monsieur le premier Président [1] et après mander par les villes du pais selon vostre intention ainsi qu'il est accoustumé. Monseigneur, il vous plaira me commander vostre bon plaisir. Je supplie le Créateur vous donner très-heureuse et longue vie.

Escrit à Grenoble, ce xiiie jour de janvier 1552.

Votre bien humble serviteur.

COYFFIER.

Au dos est écrit : A Monseigneur de Maugiron, chevalier de l'ordre et lieutenant général pour le Roy au gouvernement de Daulphiné, à Vyenne.

XIV. — 12 juin 1552. — Il annonce qu'au moment de son départ de Briançon, M. Antoine, ingénieur, est arrivé venant de Château-Dauphin, lui rapportant qu'il est nécessaire d'y faire un flanc avec un terre-plein, que ce fort n'a que peu d'artillerie et encore moins de munitions; — qu'il a visité le fort d'Exilles, que les boulevards sont superbes, mais que la couverture est pourrie; — qu'on suppose une descente d'Italiens du côté de Parme et de la Mirandole.

Monseigneur, comme je voulois partir de Brienson, Monsieur Antoine, l'ingénieur, y est arrivé de son retour de Château Daulphin, où il estoit allé suivant ce qu'il vous a faict entendre par la voye du capitaine Chasteauneuf [2] et a trouvé le flanc dudict chasteau et la porte toute nue de défense comme voz l'entendez. Parquoy, il est nécessaire d'y faire ung flanc avec ung terre-plain par le dedans ainsi que vous pouvez mieulx juger que moy. Il m'a dict d'avantage que, en cas de nécessité, il est bien petitement fourny d'artillerie et encores moins de pouldre et de munitions ainsi que le capitaine lui a dict et comme je vous feiz dès hier entendre par Monsieur de Vaubonnetz; il vous plaira y pourvoir. Depuis, ledict Monsieur Antoine et moy, avons aujourd'hui visité le chasteau de Ixilles [3]; je vous asseure que les boullevers sont si superbes que ceulx qui l'ont ordonné y ont grand honneur, et ne me puis tenir, Monseigneur, puisque

---

[1] Jean Truchon, d'abord second président au parlement de Savoie, devint premier président au parlement de Grenoble en remplacement et sur la résignation de Claude de Bellièvre. Mort en 1578.

[2] Chasteauneuf, capitaine du château de Briançon.

[3] Exilles.

ledict Monsieur Antoine l'a faict soubz votre ordonnance, vous supplier très humblement luy faire payer ce qui luy est deu. Et pleust à Dieu que le roy eust esté aussi loyaulment servy par tout le pays de Piedmont en telles marchandises. Je vous asseure que toutes les couvertures dudict chasteau sont pourries ou par terre ; c'est chose que j'ai veu à mon grand regret, parquoy, je me condemne qu'il y faulx besongner et le plus tost qu'il sera possible.

Monseigneur, pour ce que ledict Monsieur Antoine est deça les Montz, vous me manderez s'il vous plaist, ordonner qu'il face quelque chose sur le contenu cy-dessus et vous serez obeys. Le peuple de ce pais attend en grande dévotion quelques secours, et Dieu sçait si je les ay asseuré que s'il y en vient bien tost parquoy, il me semble que vous devez faire marcher diligemment les forces dont vous aurez puissances.

On murmure quelque descente d'Italiens tant de cheval que de pied du costé de Parme et Ladmirande.

Je prie a Dieu que le bruict soit vray, et le supplie très humblement vous donner très bonne et longue vie.

Escript à Suze, ce xiie juin 1552.

Votre très-humble et obéissant serviteur.

COYFFIER.

FAUCON.

XV. — 30 mars 1552. — Il lui rend compte de l'entrevue qu'il a eue avec M. de Châteauneuf, capitaine du château de Briançon ; — il annonce que l'empereur fait venir soixante-dix-huit galères à grande diligence et qu'elles doivent se réunir à Gênes ; — que M. d'Aramon est resté cinq heures avec le Grand Seigneur ; — que ledit Grand Seigneur a fait capitaine général le roi d'Algérie, fils de feu Barberousse et lieutenant un corsaire nommé Gorgoute Roys qui a fait pour plus de cinquante millions de dommages aux chrétiens.

Monseigneur, j'ay receu par le sieur de Chasteauneuf, cappytayne de Brienson, vostre lettre du sixiesme de ce moys et entendu les propous qu'il a heu avec vous de certain affaire dont il me parla puys aulcungs jours en sa [1]. A quoy je apperçus la servitude [2] et le grand désir qu'il auroit de vous faire et à messieurs vous enfans quelque bon et agréable service, dont, pour le désir que je avoys aussi, de vous fere service, je luy sceuz bon gré de ce que me donoyt moyen de y parvenir. Monseigneur, dès lors ledict cappytayne et moy nous advisâmes au moyen que je pourrois avoyr pour venir au bout de ceste entreprinse, laquelle, à dire la vérité, je ay tousjours trové difficille, veu que l'homme à qui je ay pour ce a fere, me faict entendre par maintes fois qu'il avoyt esté pour semblable cas de divers endroictz assailly. A quoy, il

[1] En sa, en çà.
[2] Certitude.

n'avoyt honcques vollu entendre. Ce monobstant bien adverty de l'honneur qui règne en luy qui ne vous est, je croy, inconnue, pour l'avoir dez longtemps veu courir après son éteuf. Jeadvisay que de le fere condessendre à ce qu'il estoit requis que pour luy présenter quelque party bien advantaigeux pour luy, au moyen duquel et du proffict qu'il verroit y fere, il feust contrainct de libéralement en franchir le sault.

Ledict cappytaine m'a dict qu'il vous en a faict par le menu scavoir le tout, et, sur ce entendu vostre volloyr, lequel il m'a dict, que me gardera vous en fere par ceste foys plus longue scripture, si ce n'est pour vous fere scavoir, Monseigneur, qu'il fault conduire le tout au moindre bruyct que fere se pourra et vous requérir de demeurer certain, que je m'employerey en ceste euvre d'aussi bon cueur que aultre scaroyt ou pourroyt fere, et tellement que si je n'en povoys venir à bout à tout le moings, vous sera en ce ma bone volonté si notoyre, que vous apercevrez au devant que je désire vous fere service. Et sera le plustost que fere se pourra.

Et quand aux officiers mentionnés en vostre dicte lettre, ledict cappytaine vous fera entendre ce qu'il en est.

Tout ce que nous avons de nouveau de pardesca, est que l'empereur faict arriver soixante et dix huict gallères à extrême diligence que, en peu de jours, se doibvent assembler à Gênes, en bonne vollanté de nous donner en passant comme l'on dict quelques secours en ce pays. Que Monsieur d'Aramon [1] a moulte esté bien recully du grand seigneur [2] qui l'y a faict ceste faveur d'estre seul à seul avec luy dans ung cabinet l'espace de cinq heures. Ledit grand seigneur a aulmenté son armée de mer de quarante gallères plus que n'en avoyt encores heu, et d'ycelles a faict cappytaine général le roy d'Algérie, filz de feu Barbe-Rousse et son lieutenant un coursaire nommé Gorgonte Roys que ledict Barbe-Rousse leva de la Cheyne et le rachepta des gallères de Doria, dernièrement qu'il fust en ses mers, pour douze cents escus, dont ledict Gorgonte Roys c'est bien recompansé et tient on pour certain qu'il a despuis endomaigé les chrestiens sur la mer de cinquante millons. Et leur a ledict grand seigneur commandé obeyr entièrement audict seigneur d'Aramon.

Monseigneur, la fin de la présente sera pour vous présenter mes humbles recommandations et supplyer à Dieu vous doinct bonne et longue santé.

De Peyrins [3], vostre maison, ce xxxe mars 1552.

Celluy qui plus vous désire fere servisse est

FAUCON.

[1] Aramont (Gabriel de Luitz, baron d'), né à Nîmes, mort en 1553.

[2] Soliman II, le Grand, le législateur, né en 1495, mort en 1566. — Sultan, fils de Selim Ier; il succéda à son père en 1520, et s'unit aux Français contre Charles-Quint.

[3] Peyrins, commune du canton de Romans, arrondissement de Valence, Drôme).

1. — 11 juin 1552. — Il annonce l'arrivée de André Doria avec soixante-
ix galères à la Ciotat; — que les habitants se sont enfuis; — que ledit
oria a quitté la Ciotat pour aller au port de Rose en Espagne où il sé-
ourne; — qu'on craint qu'il vienne devant Toulon; qu'il y a à Alger cinquante-
uit voiles qui attendent que Doria soit hors des mers d'Espagne pour
ler endommager la côte.

Monseigneur, je escrips amplement au cappytayne du chasteau de Brien-
 qui me gardera vous faire plus longue escripture, si ce n'est pour
is faire sçavoir les nouvelles que nous avons de l'endroict de la mer
 ce pais.
ous, Monseigneur, avez comme je croy bien entendu que les feistes
 Pasques dernièrement passées, André Dorye à tout soixante six gal-
es arrivées à une plaige, près d'un petit villaige, troys lieues de Mar-
lle, nommé la Sieutat (1), où il descendit en terre et fist ses Pasques.
restous les gens du villaige s'en estoient fouys; il fist tellement que
cungs y revindrent et les fornirent de quelques petis vivres, lequelz
aye au double de ce qu'ilz valloint. Il y subjourna pour raison du
ps qui luy estoit contraire bien quatre à cinq jours, comme encores
ojourna il en après quelques jours à mesmes raisons au dessous des
es de Marseille. A la parfin, il eust le temps propice et tira oultre et
iva au port de Rose en Espaigne, où la pluspart de son armée a tous-
rs subjourné. Il fist de là quelque entreprinse sur la ville d'Ardre qui
st descouverte et par ce ne sortist à effect.
il a faict ce long subjour de pardella atendant que quelques gallères
ufves que l'on y faisait, feussent parachevées et du tout en ordre
mme elles sont de présent et dicton qu'il en a tout le nombre de
atre-vingtz.
L'on ne luy voulloit permettre en Espaigne de charger les gens de
erre qu'il demandoit ce que, à la parfin, il a faict et aux nouvelles
e l'on a, il est prest à faire voylle, et natend que avoir le temps pro-
e pour les navilles rondz, qu'il a en bon nombre en sadicte armée et
r lesquelles il a chargé lesdictz gens de pied en Espaigne.
Et doubte l'on qu'il n'aye quelque entreprinse pour fere dessente des
 gens en ce pais, et mesmement à Thoulon qui est lieu faible. Toutef-
s, y a lon la Tour qui est à l'entrée du port qui seroit grande chose
ur eulx, s'ilz en pouvoient estre sayssis, d'aultant que par ce moyen
 chasseroient de ce port noz gallères, et auroyent en despict de la
le, réduict pour les leurs et se tiendroyent tout cestuy endroict du
is en subjection. Monseigneur le comte de Tende, notre gouverneur,
fforce de y prouver du mieulx que possible luy est, comme aussi faict-
sur la ville de Marseille où il a mis quatre compagnies de gens de
ed que ce pais a en la pluspart fourny.

(1) La Ciotat.

Ledict seigneur a vrayes nouvelles que depuis quinze jours en sa est arrivé à Argiers un raïx [1] que le grand seigneur y a transmis son lieutenant général, accompaigné de douze gallères et de vingt deux aultres galiotes ou fustes. Lequel raix y a trouvé que le roy d'Argiers avoit aussi vingt et quatre voilles, tant gallères que fustes et galiotes, le tout fort bien en ordre qui feroint cinquante huict voilles qui n'atendent fors [2] Doric soit hors de ces murs d'Espaigne pour y aller endommager de leur pouvoyr le long de la coste.

Ce est toute l'armée turquesque de laquelle on attend estre secoreu. Pour ceste armée de pardessa, jaçoyt [3] ce que l'on nous y eust bien tenu en espérance de beaucoup plus grande chose.

Touteffoys dict l'on que du moys de may, estoint sourtys d'ung lieu près Constantinople que l'on appelle Castelli qui sont deux chasteaux, l'ung de sa, l'aultre della à l'entrée du fleuve par lequel de la grand mert, l'on va audict Constantinople, six vingtz gallères, que l'on présumoit alloint vers la Sessille et le royaume de Naples. Tant y a que l'on n'a encores de pardessa aulcunes nouvelles de leur faict. Monseigneur, j'ay advisé de vous escripre ceste pour encores aultres choses vous advertir que ne est ung aultre qui plus désirast de vous faire service que je feroys. Qui sera, vous présentant mes humbles recommandations, suppliant à Dieu vous donner, Monseigneur, bonne et longue vie.

De Peyrins, vostre mayon, ce unziesme de juing.

André Dorye faict partir de son embarquement vers l'estroict de Gibelta [4], qu'il y a quelque nombre de chevaulx, à quoy, il n'y a pas fort grant apparance dict l'on pour le vingt navilles rondz pour ce faire qui est beaucoup.

Les espions qui viennent de son armée disent publiquement que son entreprise entre aultres choses, est de vous venir urter en ce peis et essayer de se joindre avec les Impériaulx que l'on dict estre en ceste Val de Mayre.

L'entièrement tout vostre serviteur est :

FAUCON.

GROGNET, *seigneur de Vassé.*

Antoine Grognet, seigneur de Vassé, de la Roche Mabille et de Classé, chevalier de l'ordre du Roi, capitaine d'une compagnie de cinquante hommes de ses ordonnances, gouverneur de Pignerol. Fils de Jean de Vassé, 1er du nom, et de Jacqueline d'Alligny. Marié à Marguerite Hatry, dame d'Alligny. Brantôme dit : « *qu'il était haut la main, colère, bizarre et ressemblant fort en ce point à Montluc* ».

[1] Raïs ou reïss, capitaine.
[2] Fors, que.
[3] Jaçoit.
[4] Détroit de Gibraltar.

'II. — 28 novembre 1545. — Il regrette de n'avoir pu le rencontrer lors-
qu'il est allé le voir, et le prie de dire au roi et à M. le cardinal de Tournon la difficulté de laisser des soldats sans argent dans une place où la
cherté des vivres est très grande, et que les soldats déclarent qu'ils ne
veulent plus monter la garde, car ils meurent de faim. — Il a envoyé, pendant la nuit, des soldats en embuscade sur le chemin de Calais à Boulogne,
que cette embuscade rencontra les Anglais et qu'il y eut combat.

Monsieur, je suis terriblement marry qu'il ne m'a esté possible vous
ir, aiant esté en ce pays de par deça pour vous avoir dict beaucoup de
opoz que ne vous puis escripre. Et, pour ce faire, javoys envoyé mon
utenant pensant parler à vous, mais il vous trouva point; lon luy
ct que le jour de davant vous estiez party. Je vous escripvoys et vous
andoys des nouvelles que je ne vous ouze escripre pour ce que lettres
voyent. Je ne vous manderay rien de noz ambassadeurs pour autant
ie scavez mieulx qu'ilz font que moy, sçaichant que le Roy le vous dict.
onsieur, si vous ne remonstrer au Roy et à Monsieur le cardinal de Tour-
on l'importance de laisser en ceste ville soudars sans argent et quelle
t la charté en ceste ville dont ma bourse commence très bien à le
ntir, j'ay peur qu'il en arrive quelque inconvénient, car ilz déclarent
disent qu'ilz ne veullent plus faire la garde, car par la Croys Dieu, ilz
eurent de belle mort de faym qui est grand pytié. Je vous prie, faictes
sorte que l'on y pourvoye, et si l'on nous voulloit oster des gens de
ste ville devant que voir la fin de ce parlement, me semble que ce ne
roit pas le service du Roy, mais plustost d'en hausser que d'en diminuer.
us merciant bien fort, Monsieur, du bon advertissement que m'avez
ict par voz dernières lettres. J'envoye, il y a troys ou quatre jours, la
ict fermée, treze chevaulx se mettre en ambuscade le long de la mer
r le chemyn allant de Callais à Boullongne, trouvèrent auprès d'un
llaige nommé Humières [1] treze Angloys dont y en avoit six de cheval
sept de pied. Les Angloys portoient six piques, quatre arcqs et troys
nces, noz gens six lances, quatre espieux et deux harqueboūzes, les-
ielz se sont fort oppiniastrez au combat tant d'ung cousté que d'autre.
voyant les nostres ne les pouvoir deffaire à cheval et sestre retiré en
pré circuyt de hayes et foussez, ont envoyé ung de leurs compaignons
ire le guet pour les advertir s'il leur venoit au secours, se sont mys à
ed abandonnant leurs chevaulx desquelz y en avoit desjà sept fort blessez
sont venuz combattre main à main, ont porté par terre les Angloys
en ont ameyné huict en ceste ville. Je n'escrips point à Monseigneur
cardinal de Tournon, ne sçaichant chose digne de luy; je vous supplie
y présenter mes très humbles recommandations, et pour Dieu, luy et
us, ayez pitié de ses pouvres souldars. Ains, oncques ait dict au Roy
ie tous les chevaulx de noz voisins sont cassez, sur mon honneur, ilz en

[1] Houmières, canton et arrondissement de Saint-Pol (Pas-de-Calais).

retiennent six cens. Je ne parle point de nostre avitaillement, me semble que l'on y debvroit songer, car il en est temps. Qui sera la fin, me recommandant bien humblement à votre bonne grâce, et pour celluy que tout peult, Monsieur, vous donner en santé, très bonne et longue vie.

D'Ardre [1], ce xxviiie novembre ve xlv.

Vostre asseuré amy et serviteur.

Vassé.

Au dos est écrit : A Monsieur, Monsieur de Maugiron, chevalier de l'ordre et du conseil privé du roy.

XVIII. — 4 novembre 1551. — Il annonce que dom Fernand rassemble toutes ses compagnies pour aller à Saint-Martin que le maréchal de Brissac a fait fortifier, et qu'il fait courir le bruit qu'il lui vient encore quatre mille lansquenets ; — il lui dit que M. d'Igié, son fils, est un gentilhomme très sage et très honnête, qu'il est aimé non seulement de ses gendarmes, mais encore de M. le Maréchal.

Monsieur, aiant entendu qu'il y a ycy l'ung de voz gentz qui s'en retourne devers vous, je ne l'ay voulu laisser partir sans l'accompaigner de la présente par laquelle encores que je seaiche que vous estes continuellement adverty de la disposition des affaires du Roy en ce pais, je vous advize que le sieur dom Ferrand a rassemblé toutes les compaignies qu'il à par de ça, tant de gendarmerie que de cavallerye, et s'en vient droict au Caneves en ung lieu nommé Sainct Martin [2], que le mareschal a faict fortiffier puis naguéres avec huict mille lansquenetz, faisant courir le bruict qu'il luy en vient encores quatre mil cinq enseignes d'Italiens nouvellement levez, et dict-on qu'il en faict lever encores onze ou douze. Si ceulx de Sainct Martin, qui sont trois de noz bandes Italiennes veulent faire leur debvoir, ilz ont moyen de leur faire geler les ongles cest yver. Au surplus, Monsieur, mondict seigneur le mareschal a faict pour voz cinq capitaines encores ceste monstre avec la plus grand peine qu'il est possible, car il y a longtemps qu'il n'a esté envoyé argent pour eulx, et a fallu qu'il ayt prins leur payement sur les deniers revenantz. Je ne vous mande rien de Monsieur de Gié [3] vostre filz, synon que cest un gentilhomme très saige et honneste qui est aymé non seulement de voz gens d'armes, mais de mondict seigneur le Mareschal et de toutz aultres, autant que gentilhomme qui soit jamais sorty du Daulphiné. Je croy qu'on vous fera entendre quelque petit différent qu'il eust hier ; quant il y entrera plus avant, il trouvera que voz amys seront les siens. Monsieur, vous estimerez, s'il vous plaist, qu'il n'y a gentilhomme qui plus soit

[1] Ardre (Pas-de-Calais).

[2] Saint-Martin, ville de la province et au sud-est d'Yvrée.

[3] Louis de Maugiron, alias Guillaume, seigneur d'Igié, du Rousset, etc., fils de Guy de Maugiron et de Ozanne Lhermitte.

prest à vous faire plaisir et service que celuy qui se recommande bien humblement à vostre bonne grâce et prie Nostre Seigneur vous donner, Monsieur, bonne et longue vie.

De Carmagnolle, ce iiie de novembre 1551. Votre pour jamais frère serviteur et parfaict amy.

VASSÉ.

XIX. — 15 juin 1552. — Il lui envoie des nouvelles d'Italie. — Dom Fernand s'est retiré du côté de Veynes disant qu'il va assiéger la Roque de Vaulx et qu'il attend quatre cents chevaux de renfort. — Dom Fernand fait beaucoup de dégâts au marquisat de Saluces et fortifie Dronier. — Il attend les forces promises.

Monsieur, s'en allant ce gentilhomme, homme d'armes de vostre compaignie, m'a promis de passer la part que vous serez. Je n'ay voulu faillir de l'accompaigner de la présente pour vous dire que je croy qu'avez oublié le gentilhomme de ce monde, qui autant désire vous faire service, Monsieur, vous serez adverty par Monsieur le mareschal de Brissac de l'estat auquel se trouvent pour ceste heure les affaires de deça. Je ne laisseray néanmoins à vous dire que domp Ferrand s'est retiré du costé de Veynes, et en est pour le présent à deux mil près, et dict-on qu'il veult aller assiéger Roque de Vaulx, et que ce jourd'huy il doit arriver et doit prendre dans Querascq huict pièces d'artillerie oultre ce qu'il a désjà. L'on dict aussi qu'il leur doit arriver dans quatre ou cinq jours, quatre cens chevaulx de renfort. Nous tenions ces jours passéz que ledict domp Ferrand s'en devoit aller en Allemaigne, mais nous n'en appercevons rien. S'il achève de faire le guast par tout ce païs comme il faict et a faict au marquisat de Saluces, ce nous sera ung merveilleusement grand dommaige, et ne l'en scaurons à grand peine garder si mondict sieur le mareschal n'a plus grandes forces. Nous actendons à bien grande dévotion les gens que vous devez envoier. Noz dictz ennemis fortiffient en grand dilligence Dronnier [1]. Quant au chasteau de Saluces, il y arroient commencé, mais c'est chose si difficile qu'ilz ne besongnent plus guières. Au surplus, Monsieur, regardez s'il vous plaist si en quelque chose je vous puis faire plaisir et service, car vous pouvez estre asseuré qu'il n'y a gentilhomme qui désire se y employer que celuy qui se recommande humblement à vostre bonne grace, et prie celuy qui tout peult, qu'il vous donne, Monsieur, aussi bonne santé que je désire pour moy.

De Carmaignolles, ce quinziesme juing 1552.

Celuy que vous trouverez pour jamais vostre obligé serviteur et amy.

VASSÉ.

[1] Dronero.

BOUTIÈRES GUIFFREY.

Guigues de Guiffrey, plus connu sous le nom de Boutières, né au Touvet en 1492, entra en 1509, comme simple archer, dans la compagnie de Bayard, il devint lieutenant-général, chevalier de l'ordre du roi, gouverneur de Turin, etc., et se couvrit de gloire aux batailles de Pavie et de Cérizoles. Il se maria à Gasparde Berlioz.

XX. — 26 juillet 1544. — Il le remercie de l'offre de ses grands chevaux. — Affaires de Vitry. — Assaut de Saint-Dizier.

Monsieur mon cousin, je n'ay voulu faillir, allant le sieur de Troussebois à la Court, vous remercier des nouvelles que vous m'avez faict entendre par vostre lettre du xviiie, ensemble de l'offre de voz grandz chevaulx si j'en ay affaire, ledict sieur de Troussebois va advertyr le Roy de ce que survint hier aux nostres qui estoient à Vitry [1]. Vous scaurez de luy comme le tout est passé, et n'en aurez de moy autre chose sinon que dernièrement quand Borran alla à la Court, je luy donnay charge de dire à Monsieur l'Admiral qui [2] se souvint de l'estroicte [3] que nous heusmes à Rebec. Dieu nous a bien aydé qu'ilz ayent si tost exécuté leur entreprinse, car nous avyons conclud, voiant que le Roy le réyteroit si souvent de envoyer audict Vitry tous noz picardz et quatre ou cinq mil hommes d'armes. Avant qu'il feust deux jours, cela eust bien accomply la feste. Ilz doyvent aujourd'hui donner l'assault à Sainct-Dizier [4] et y faire tous leurs efforts. Dieu veuille garder ceulx qui sont dedans, et vous donner, Monsieur mon cousin, après m'estre recommandé à vostre bonne grâce, ce que désirez.

De Chaallons, ce xxvie juillet.

Je vous prye que je soys recommandé aux bonnes graces de Messieurs d'Aux et de Navarrey.

Vostre bon cousin et à jamais entier amy.

BOTIÈRES.

Au dos est écrit : A Monsieur mon cousin, Monsieur de Maugiron, chevalier de l'ordre du Roy.

XXI. — 20 mars 1545. — L'amiral doit faire un voyage et aller jusqu'en Normandie, et lui-même doit partir aussitôt après son retour de Glaudage ; — s'il apprend des nouvelles, il les lui enverra.

Monsieur mon cousin, j'ay receu vostre lettre, ensemble le mémoyre et

[1] Vitry-le-Brûlé ou Vitry-en-Perthois (Marne).
[2] Qui, qu'il.
[3] Estroicte, ou estrelle, échec.
[4] Saint-Dizier (Haute-Marne).

éclaration que m'avez mandé louchant la maison et aultres qu'il ha en
este ville. Depuys vostre partement de ceste ville, j'ay reçu une lettre de
onsieur l'admirail [1] du v⁰ du présent, où il me mande qu'il s'estoyt déli-
éré faire ung voyage entre cy et Pasques en Normandie et y faire ses
stes pour donner ordre aux affaires de ce cousté ; et davantage, il me
ande que le plus tost que je pourrey que je donne ordre à mes affaires
ur partir incontinent après Pasques. Ce que j'espère après avoir faict
ng voyaige à Glandaige [2]. Je suys actendant qui est à la court que
'apportera toutes nouvelles desquelles je vous advertirey, vous priant,
e vostre cousté fere le semblable. J'ay monstré ladicte lettre de Monsieur
admirail et une aultre que Rebut m'a escript à se porteur qui me gardera
us fere plus longue lectre, sinon pour me recommander à vostre
onne grâce et supplier le Créateur, Monsieur mon cousin, vous donner
l très-bonne santé longue vie.
De Grenoble [3], ce xx⁰ de mars.
Je ne veulx oblier vous mercier la peyne que avez prins pour l'affaire
e Monsieur le Vibaillifz. J'ay baillé à ce porteur la réponse que j'ay
ictz.
Vostre bon cousin et meilleur amy.

Botières.

XII. — 7 novembre 1545. — Il est à Paris où il a trouvé M. d'Igié malade. —
Les médecins assurent que cette maladie sera bientôt passée.

Monsieur mon cousin, j'arrivay jeudi au soir en ceste ville où je trou-
ay Monsieur de Gyé malade d'une fièvre tierce, laquelle touteffoys
agaud et Milliet qui l'on veu ne font grand cas, car ilz s'assurent de la
y faire bientost perdre. Quant à moy, je veois toujours en amendant et
rs demain de ceste dicte ville, faisant plus grandes jornées que je
avoys proposé. Je vous prye, pour la fin, me faire savoyr de voz nou-
lles et le plus souvent que vous pourres. Et me recommandant sur ce
vostre bonne grâce, je pryeray Dieu, Monsieur mon cousin, vous donner
l bonne santé, longue vie
De Paris, ce vii⁰ jour de novembre.
Vostre meilleur cousin et entier amy.

Botières.

[1] Claude d'Annebault, baron de Retz, reçut le bâton de maréchal en 1538,
t nommé amiral en 1543, et mourut en 1552.
[2] Glandage, commune du canton de Châtillon, arrondissement de Die
Drôme).
[3] Grenoble, chef-lieu du département de l'Isère, sur l'Isère, ancienne capi-
ale du Dauphiné.

Lorraine (François de), *duc de Guise.*

XXIII. — 11 janvier. — Il donne des renseignements sur le capitaine de Montfort qui a fait son devoir d'homme d'honneur.

Monsieur de Maugiron, le sieur de Montfort s'en va de par delà qui vous fera entendre la depesche qu'il a eue du Roy telle que tous les cappitaines et gentilshommes qui se sont trouvez en ceste compaignie l'ont jugée suffisante pour sa descharge. Et, je vous puis assurer, Monsieur de Maugiron, qu'en toutes ses poursuictes, il a fait debvoir d'homme de bien sans avoir oblygé de recongnoistre envers vous et vostre filz l'obligation que vous luy avez de longue main donnée. Il vous fera plus au long entendre les nouvelles qui sont ycy venues, et ce que je luy ay aussi donné charge de vous dire de ma part dont je vous prie le croire comme vous feriez à moy-mesmes qui prye, sur ce, le Créateur vous donner, Monsieur de Maugiron, en santé, très-longue vie et ce que plus désirez.

De Bloys, ce xi° jour de janvier.

Vostre entièrement bon amy.

Francoys

Au dos est écrit : A Monsieur de Maugiron, chevalier de l'ordre du Roy et lieutenant général pour le Roy ès pays de Daulphiné et Savoye, à Vyenne.

XXIV. — 28 août. — Remise au roi d'un bon port et de quatre forts bien équipés. — Les Anglais sont battus. — Il se rendent à miséricorde. — Le capitaine de Blacquenois se rend aussi. — Prise de toutes les places que tenait le roi d'Angleterre dans le Boulonnais, sauf le port de Boulogne.

Monsieur de Maugiron, désirant que Nostre Seigneur soit loué et remercié des grâces qu'il luy a pleu faire au Roy d'avoir, en quatre jours, remis en ses mains un très-beau port et quatre fors bien équippez et deffensables si les Anglois eussent esté aussi gens de bien que ceulx qu'on meet dedans. J'envoie pour ce faire lettres à Messieurs du Parlement de Daulphiné et de Savoye et aux prélactz desdictz pays comme vous pourrez veoir, lesquelles je vous prye leur faire incontinent tenir. Vous pouvez aussi croire, Monsieur de Maugiron, qu'il n'a rien esté obmis à les poursuivre et mené si vivement qu'ilz ont perdu sens et entendement mesmes les premiers assailliz qui, incontinent après quelque battrye, se voulaient rendre, mais noz soldatz ne leur permirent, ains leur sautèrent sus et en firent carnaige. Le jour mesme, ceulx d'un fort entendant cela, mirent le feu en leur logis et maisons et se retirèrent au plus beau et plus fort des troys, car ilz se pouvoient secourir l'un l'autre par ledict port. Et les pressoient noz gens de si près qu'ilz n'eurent loisir d'emporter

leurs enseignes. Le lendemain, on feist nouvelles tranchées et le jour
d'après battrye si a propoz qu'on feist bresche par une de leurs déffences,
non que pourtant ilz deussent sitost venir à miséricorde, à quoy on les
remet la vie saulve seullement. Ledict jour, le cappitaine de Blacquenoy,
après avoir esté sommé, s'est rendu bagues saulves. Ledict seigneur,
voyant son affaire si heureusement succede, ordonne ses garnisons et met
Senerpont[1] à Blacquenoy accompaigné de deux enseignes de gens de
pied des vieulx et de la compaignie du mareschal du Biez[2] dont il a la
charge qui eu bon moyen d'y demeurer estant du pays; le sieur de Chas-
tillon à Ambleteuil avec cinq enseignes des vieilles et les cent chevaulx
légiers d'Antraigues[3]. A Marquise[4], les douze enseignes de lansquenetz
et les cent chevaulx légiers de Sipierre[5]; à Ardre la compaignie du Pe-
lou; auprès de Mont Lambert[6], s'y est faict un fort pour la surreté de
noz vivres que faisons achever en deffences de bataille de main, d'aultant qu'il ne se peult assaillir autrement et y mettons quatre enseignes
pour empescher ceulx dudict Mont Lambert et de Boullongne de n'avoir
une seulle busche de bois ny un fagot. Nous avons reconquis et tenons
toutes les places que le feu roy d'Angleterre tenoit du Boulenois, et ne
reste que ces deux susdictes qui sont par ces moyens encloz de façon
qu'ilz ne peulvent avoir nul secours par la terre. Quant à la mer, ilz
n'ont que le port de Boulongne dont desjà s'aident bien peu, mais nous
le voulons du tout gaster en enfondrant des navires à la bouche du port
et mettant six quanons contre la moulle qu'ilz ont faict pour y faire une
bresche au travers, et se mectra force pionniers pour, en faveur de l'ar-
tillerye, en sapper une partie de façon qu'ilz la rendront et sommes as-
seurez que la mer ne fauldra de ruyner le demeurant. Et par ces moyens
la mer et la terre leur est ostée et ne leur restera que le ciel qui ne sera
pour eulx à mon adviz, car ilz sont très-mauvais serviteurs de celluy qui
y demeure. Et, sur ce, Monsieur de Maugiron, me recommande bien fort
à vostre bonne grâce, priant Dieu qu'il vous doinct ce que désirez.

Du camp près Ambletueil, ce xxviiie aoust.

[1] Jean de Monchy, sieur de Senarpont, baron de Wiomes, capitaine de
Corbie, près de Boulogne.

[2] Oudart, seigneur de Biez, chambellan du roi, capitaine de Boulogne, sénéchal et gouverneur du Boulonnais. Fils d'Antoine, seigneur de Biez et de
Isabeau de Bergues-Saint-Vinox, marié à Jeanne de Senlis.

[3] Charles de Balzac, seigneur d'Entragues, de Marcoussis, Malesherbes et
baron de Clermont, capitaine de deux cents chevaux. Mort en 1555 à Montreuil,
après avoir été dangereusement blessé à la bataille de Renty.

[4] Marquise, chef-lieu de canton, arrondissement de Boulogne (Pas-de-
Calais).

[5] Paul de Marcilly, comte de Cipière, gentilhomme du Mâconnais, capitaine
de cinquante hommes d'armes, mort le 8 septembre 1565.

[6] Mont-Lambert, près de Boulogne, où l'armée française était campée lors-
qu'elle reçut l'ordre, en 1545, d'entrer dans la terre d'Oye.

Le Roy m'a donné congé pour, au partir d'ycy qui sera de brief, aller à Joynville ou je ne demeureray plus d'ung mois. Cependant, je vous recommande les affaires du pays.

Vostre entièrement bon amy.

FRANÇOYS.

MONTFORT.

Antoine de Clavel, seigneur de Pinet, Montfort et la Roche Pingolet, gouverneur d'Abbeville, chevalier de l'ordre du Roi, capitaine de cinquante hommes d'armes de ses ordonnances.

Marié à Hippolyte de Cossé de Brissac, fille de Charles de Cossé de Brissac, maréchal de France, de laquelle il n'eut pas d'enfants.

XXV. — 17 mai 1552. — Les ennemis sont à Saluces et l'on craint quelque entreprise sur les frontières du Dauphiné, et sur Château-Dauphin ; — il attend ses ordres.

Monseigneur, Messieurs de la Cort vous depescharent hier un paquet et despuys à ce que j'ay entendu par plusieurs d'eulx, ils sont fort troblé de ce que les ennemis sont à Salusses et creignent qui ne fassent quelque entreprise dessus les frontières du Dauphiné, mesme dessus Chatheau Dauphin, pour ce quy l'ont entendu quy lest mal forny de ce qu'il est nessessayre pour la deffense du lieu. Et pance que, rien ne les porroyt assure que vostre présence à quy il lont toute confiance. Je croys bien, Monseigneur, que ce n'est pas si grand cas comme il en font ; toutefoys sy vous trovez bon d'envoyer quelque gentilhomme à qui vous vous fiez jusques dessus lesdictes frontières en toute diligence pour vous averty à la vérité de tout ce qui pourroit survenir, il en seront beaucoup plus assurés. Et sy pour cest effect, il se dresse quelque compagnie de gens de pied, je vous suplie bien humblement que soyt celle de quoy il vous a pleu d'en donner la charge à mon frère. Monseigneur, despuys que je prins congé de vous à Tullin [1], je ne suys bogé de cette ville, actendant d'heure en autre ce quy vous playra me commander. Et sur ce, Monseigneur, après avoir prié Nostre Seigneur vous donner bonne et longue vie, je vous présenteray mes très-humbles recommandations à vostre bonne grace.

De Grenoble, ce xvii⁰ may.

Votre très-humble et hobeyssant serviteur.

MONTFORT.

[1] Tullins, chef-lieu de canton, arrondissement de Saint-Marcellin (Isère), sur la Fure.

XXVI. — 3o mai 1552. — Il est à Saint-Jean de Maurienne avec vingt-trois
hommes d'armes et trente-quatre archers ; — il sera le mercredi à Suze ; —
il a fait prendre une aire de faucon pour lui envoyer.

Monseigneur, estant en ce lieu de Sainct Jehan de Morienne [1], j'ay re-
gardé le nombre que nous povons estre, qu'est de vingt-troys hommes
d'armes et trente quatre archiers. Nous serons mercredy à Suze [2], et de
là, je vous envoyeray un rolle de ceulx qui s'y trouveront. Monseigneur,
quant je prins congé de vous à Grenoble, je prins la poste et m'en alley
trouver mon frère pour ce que il falloyt nessessayrement jcy allasse pour
avoyr de l'argent ; mays ce a este, pour il faire sy peu de séjort que j'ay
esté en vostre compagnie le jort quelle partit de Montmellian [3]. Monseigneur, j'ay sceu par ung paysant que il y a une here de faucon yssy qui
sont près à prendre. J'ay dict au procureur du roy de ceste ville qu'il
les feyt prandre et qui les vous envoya, ce qui m'a assuré de fayre. Il y a
troys heres d'autors qui seront près entre sy et quinze jours ou troys
semaines. Monseigneur, vous me commanderes vostre volonté pour il
hobeyr. Et, sur ce, après mestre recommandé très-humblement à vostre
bonne grâce, je suplieray Nostre Seigneur, vous donner en santé, bonne
et longue vie.

De Sainct Jehan de Morienne, ce xxxᵉ de may.

Le cappitayne Lestan [4] se recommande très-humblement à vostre
bonne grace.

Vostre très-humble et hobeyssant serviteur.

MONTFORT.

XXVII. — 1ᵉʳ juin 1552. — M. de Lestang et lui ont fait dresser un rôle des
hommes de leur troupe. — Les hommes arrivent, en se suivant d'une
journée à l'autre ; — ils vont à Turin. — Le camp des ennemis est près
d'eux ; — sa compagnie est presque complète. — Un de leurs soldats est
allé au camp des ennemis, il a rapporté qu'ils veulent faire un pont sur le
Pô.

Monseigneur, estre arrivés en ceste ville de Suze, nous avons fayct un
rolle de ceulx quy ce sont trovez en nostre troppe, que nous vous envoyons. Il y en a quy ont leurs chevaulx issy quy ne sont encores arri-
vez et d'aultres quy nous suyvent d'une journée ou deux qui on avecque
eulx leurs armes et grans chevaulx ; et ce qui nous gardera de fayre su-

[1] Saint-Jean-de-Maurienne, chef-lieu d'arrondissement de la Savoie.

[2] Suze, ville du royaume d'Italie, sur la Dora-Riparia, dans la province et
à 58 kilomètres ouest de Turin.

[3] Montmélian, chef-lieu de canton, arrondissement de Chambéry (Savoie).

[4] Antoine de Murat, fils de Béraud et d'Antoinette de Quincieu, écuyer du
roi de Navarre, gentilhomme ordinaire de la chambre de François Iᵉʳ, bailli
et capitaine d'Etampes.

gort [1] en ceste ville pour les attendre, c'est quy vous a pleu nous co-
mander de nous acheminer droyt à Turin [2] en toute dilligence, où nous
serons vendredy au gist avec layde de Dieu. D'aultre part, nous avons
entendu que le camp des ennemis est près du nostre, envyron cinq ou six
milles et qui se dressera tous les jours de belles entreprinses. Par quoy,
nous serions fort mal content qui se présenta quelque bon affere que nous
ne feussions de la partie. Monseigneur, dans dix ou douze jours au plus
tard, il ne san seroyt fallu que bien peu de gens que vostre compagnie
ne soyt complaycte. Cependant, nous sommes fort bonne troppe et pour
fayre servyce. On nous a dict que ung de vous archiers appelé Bonneret
quy a fayt le serment à la dernière monstre est allé au camp; c'est celluy
de vostre compagnie quy, au temps de pays a esté aussy bien traytté.
Nous ne avons aprins issy neulles novelles, synon que l'on dict que les
ennemys veulent fayre un pont pour passer de dessa le pau [3] jusques
yssy, il non rien fayct que ce promener par la campagne. Il est passé
tout à ceste heure un gentilhomme en poste qui vient du camp du Roy
quy dict avoyr veu Messieurs vous enfans qui font bonne chère et que
Monsieur de Gié toit dessus son partement. Monseigneur, vous nous commanderes vostre volonté pour il hobeyr. Et sur ce, apres vous avoyr présenté nous humbles recommandations à vostre bonne grâce, nous prierons
Nostre Seigneur vous donner en santé, bonne et longue vie.

De Suze, ce premier jour de juin.

Vous très-humbles et hobeyssans serviteurs.

Lestang, Montfort

XXVIII. — 11 juin 1552. — Entreprise sur Vulpian suivant le commandement
de M. le maréchal de Brissac. — Le camp des ennemis est à Fossan, à six
milles du leur; — il se sont renforcés de quinze enseignes de Piémontais. —
Leur camp est bien fortifié.

Monseigneur, au partir de Suze, nous veinmes à Villiane [4] où nous
receusmes lettres de Monsieur d'Aussian [5] pour luy fayre compagnie à
exécuter une entreprinse contre ceulx de Vulpian [6] et commandement
de Monsieur le mareschal pour cest effayct, ce que nous feymes et heus-

[1] Séjour.

[2] Turin, chef-lieu de la province du même nom, ancienne capitale du
royaume de Sardaigne, au confluent du Pô et de la Dora-Riparia.

[3] Pô, fleuve de l'Italie.

[4] Veillane Avigliano, ville de Piémont.

[5] Pierre d'Ossun, seigneur d'Ossun, chevalier de l'ordre du roi, gentilhomme ordinaire de sa chambre, s'acquit une telle réputation de valeur qu'il
donna lieu à ce proverbe de son temps : *Sage comme Termes et vaillant comme
d'Ossun.*

[6] Vulpian, Volpiano.

ons esté fort ayse à nostre arrivée de fayre quelque chose de bon. Nous jornâmes ung jor à Rivolles [1], ne pouvant passer les heaulx qui sont tre Turin et ledit Vulpian. De Rivolles, nous allasmes trover mondict igneur daussian avecque sa compagnie et troys cens hommes de pied, en délibéré de prendre son revanche des braveries que ceulx dudict ulpian luy ont par cy devant fayctes, et nous en allasmes mettre en em-squade à leur porte. Je ne scavons sy estoyent advertys de nostre en-eprinse, mays quelque chose que nous sceussions fayre, il ne sortist mes ung homme de cheval ny de pied de leur ville, encores qu'il y eust ysante sallades et quatre vings arquebusiers à cheval et bien cinq ns hommes de pied dedans. Pourquoy, après avoir passé midy que us povions estre descouvert, nous revinmes au giste à Turin et le len-emain au camp de Carmanolle où Monsieur le mareschal nous resseut recque bon visage, nous faysant entendre qu'il estoit fort ayse de nostre nue, et nous demanda de vostre santé. Le lendemain, pour nous refre-er pour sept ou huict jours, il nous commanda de venir en ce lieu de arignan [2] où nous sommes en actendant ce à quoy il lui plaira de nous nplié. Au demeurant, le camp des ennemys est aux environs de Fossan [3] non jusques yssy fayct chose quy vaille. De leur camp au nostre, il n'y que six mille, sy esse quy nont james prins la ardiesse de venir seule-ent donner alarme. On ne peult scavoyr ce qu'il on dellibéré. Nostre mp c'est renfforcé despuys deux jours de quinze enseignes de Pimon-ys à cent et cinquante hommes pour enseigne. Ceulx quy en peuvent couvrer davantage sont payés pour le nombre qu'ils ont. Nostre camp t fortiffié sy bien qu'il est bien mal aysé que les ennemys nous ils vien-ent james assallyr et si nous estions aussy fort qu'eulx, je pance que us serions bien tout en campagne. De fayre le gast, il est bien mal rsé qu'il sceussent guières fayre de mal, car l'on commance à copper les és, et dans dix ou douze jours, le tout sera presque retiré dans les for-resses. En ce terme de dix ou douze jours, il ne seroyent fayre grand ose. Monseigneur, il ne se dict aultre chose quy mérite le vous fayre ntendre, et en atendant quy surviengne aultre chose, vous nous com-anderez ce quy vous playra pour il hobeyr. Nous vous envoyons ung lle de ceulx quy sont arrivés yssy despuis Suze. Et sur ce, Monseigneur, près nous estre très humblement recommandé à vostre bonne grâce, us prierons Nostre Seigneur, vous donner en santé, bonne et longue e.

De Carignan, ce xie de juing.

Vous très-humbles et hobéissans serviteurs.

J. Lejaud, Montfort.

[1] Rivolles, Rivoli, ville d'Italie à 12 kilomètres sud-ouest de Turin, sur Dora-Riparia.

[2] Carignan ou Carignano, ville à 20 kilomètres sud de Turin.

[3] Fossan, Fossano, place forte, à 19 kilomètres sud-est de Coni (Italie), r la Stura. Place forte aux xiiie et xive siècles.

Hommes d'armes. — Durgeyze, La Tyvolliere, Dormy, Rosset, Maillez, Pontaujart.

Archiers. — Genton Richard, La Rochette, Loye, Cerizin, La Barre, Pelligny, Perroquier, Le Gaz, Le May, La Sarsanne, Le Fau.

XXIX. — 21 juillet 1552. — Il conduit l'artillerie de Carignan vers M. de Vassé;
— le château de Carde a été sommé de se rendre, il a refusé; on en fit le
siège et quatre cent soixante-seize coups de canon ont été tirés contre la
forteresse. — Le drapeau parlementaire a été arboré. — Prise du château;
— des Espagnols ont mis le feu aux poudres, quarante Français furent
brûlés. — Les Français ont perdu cent trente hommes y compris les quarante brûlés et les ennemis soixante-seize. — Les soldats ont bien fait leur
devoir.

Monseigneur, pour vous fayre entendre ce quy est survenu en ce pays
despuys la dernière lettre que je vous ay escrite, c'est que samedy dernier, j'ay eu commandement de Monseigneur le mareschal de conduyre
l'artilherie qui estoit à Carignan. Le chemin de Carde où je trouverays
Monsieur de Vasse avecques sa compagnie et Monsieur de Vovinel avecques cept enseignes de gens de pie, ce que je fays, et estre arrivé audict
lieu de Carde, le chasteau feust sommé de ce randre, ce qui ne vouleust
fayre, pourquoy dix canons et une longue coullouvrine feurent mys en
batterie devant ledict chatheau et feust tyrer quatre cens soyzante et
seze cops de canon avant que ceulx de dedans feyssent semblant de ce
voloyr randre, et eulx, voyant que la bresche estoit presque raysonnable
de donner l'assault, ils myrent une banderolle blanche, pour fayre signal
de parlement. A quoy, nous ne vouleusmes entendre et feust continuer la
baterie jusques à ce que ils appellarent Monsieur de Vovinel et luy pré-
sentèrent de se rendre à discression et aynssy qu'il veint à parlementer
avecques eulx. Il feist signal que long donna l'assault, ce quy feust
fayct et feust prins ledict chatheau. Et ce premier assault sans trover
grande résistance, et tous ceulx de dedans mys en piesses, mesmes ung
bonhomme, vieulx oncle de Madame de Lorme, âgé de près de cent ans;
il feust tué, sapelle monsieur de Monesteron. Il en eust cinq ou six prins
en vie quy feurent panduz. Le malheur feust pour nous ques troys Espa-
pagnolx ce retirarent dans une salle où estoyt leur monission de poudres
et quant ils veyrent que personne nestoyt à mercy, il feyrent une traynée
de pouldre et apelarent des nostres pour aller à eulx. Incontinent la salle
en feust pleyne, alors ils myrent le feu à la pouldre, et de l'aultre costé
ce jectarent par les fenestres et se rompirent le col, et feust brûlé dans
ladicte salle envyront quarante des nostres portans corcelles et la plus
grant part gentilz hommes [1]. Le feu ce print au chatheau quy brûla
beaucoup de gens de bien, de quoy n'est grant domage. Le capitayne

[1] Voir mémoires de Boyvin du Villars, p. 93.

las [1] en perdict quatorze des siens daufynoys, La Mérie [2] et la Cardo-
ierez [3], ses voysins, il feurent brûlés. Nous avons perdu à ce chasteau
nvyron cent et trente hommes comme haulx aproches que brullés. Ilz
eurent tués des ennemys envyron soyzante et dix. Il y avoit dix-huict ou
int de vostre compagnie à l'assaut, Dieu mercy, il n'en a pas ung de
erdu. Ilz me demandarent congé d'y aller que je leur reffusay ; il la de-
nandarent à Monsieur de Vassé comme lieutenant du Roy ; je lui priay de
e leur refusé, ce quy feyt. Je feys monter la compagnie à cheval pour
es empescher ; je ne scays sy bien fayre que ce nombre ne se dérobasse
our il aller. J'en ay esté despuys bien ayse pour la réputassion qu'il y
nt acquis, Monsieur de Vovinel ne le cachast pas, car à l'heure mesme,
l'escrit à Monsieur le mareschal. Le baron de la Roche, La Salle, Gar-
as [4], Suze, Rosset [5] fyrent très bien. Monseigneur, nous partîmes de
arde mardy matin pour venir assiéger le chatheau de Saluzes et ayant
is l'artillierie prette à fayre baterie, il ce sont randuz par composission
ui s'en yron avec les….. Il doyvent sorty dans une heure. Nous partons
e jourd'huy, prenant le chemin de Dronin où l'on dict que le marquis de
aluzes est dedans. Le camp des ennemys est rompu, il y a environ six
urs. Monsieur de Vassé se recommande bien fort à vostre bonne grâce.
onseigneur, après m'y estre très humblement recommandé, je suplieray
ous donner en santé, bonne et longue vie.

De Salusses, ce xxi⁴ de julliet.

Vostre très-humble et hobeyssant serviteur.

MONTFORT.

XX. — 14 novembre 1552. — Prise de Saint-Martin par les ennemis et de
la ville d'Albe par les Français ; — Dom Fernand est avec son camp à Rivolles sur le chemin de Lans. Les Français occupent les places fortes avec
grand nombre d'hommes. — M. d'Igié est dans Caselles avec M. de Montluc et sept enseignes de gens de pied ; — il va à Moncalier préparer le reste
de sa compagnie.

Monseigneur, je croys que vous aves entendu par des lectres que

[1] Mas. — Antoine de Sassenage, dit le capitaine Mas, servit avec une grande
stinction en Italie sous Montluc et Brissac, à la tête de deux cents hommes
eut le gouvernement de Chivas.

[2] La Mérie. — Antoine Sibeut la Méerie, capitaine des protestants, fut tué
a siège de La Roche-l'Abelie.

[3] La Cardonnière, Joachim d'Arzac de la Cardonnière de Saint-Marcellin,
arié à Claude de Costain de Lusignan.

[4] Gargas. C'était probablement Balthazard de Simiane, fils aîné du sei-
neur de Gordes ; il se trouva au siège de Sisteron le 5 septembre 1562 (notes
ur l'*Histoire des guerres du Comtat-Venaissin, de Provence*, par Louis de
erussis, p. 247).

[5] Humbert ou Albert du Rosset, seigneur de Prunières le Rosset (voir ci-
près.)

Monsieur de Gié vous a escrit, la prinse de Sainct-Martin qûi feust prins jeudy dernier envyron vint et deux heures de ce pays où estoyent troys enseynes de Ilalie. Ung des capitaynes desdictes troys ensegnes apellé capitayne Guelche tué après pandu, de quoy feust domaige pour ce quy feyt son debvoyr et combatis très bien ; les aultres sont prisonniers et ne ce scays encores sy feust par leur faulte que le chathcau feust prins. Tout à cest heure son arrivé des novelles à Monsieur le Mareschal ainssi quy sortoyt de la messe, que ce matin a esté prins par eschelle la ville d'Albe [1] par Monsieur de la Motte Gondrin [2], seigneur Francisque Bernardin [3] et le seigneur de Passan [4], lieutenant de mondict seigneur le Mareschal. De quoy, il a esté sy très ayse quy s'en est retourné rian devant le grant ostel, ce mettant à genoulx pardevant Nostre Seigneur de sy bonnes nouvelles. La prinse de ladicte ville d'Albe porroyt bien rompre le dessain de dom Fernando quy délliberoyt venir assiéger une de noz villes, et arriva hier avecques son camp à Rivolles quet le chemin de Lans [5] ou de Caselles [6], à quoy mondict seigneur le Mareschal avoyt porveuz pour avoyr mys force gens de bien dans lesdictes places. Monsieur de Gié est dans Caselles avecques Monsieur de Montleut [7] et cept enseignes de gens de pied et avecques une troppe de ceulx de vostre compagnie. Je ne suys pas bien sertain sy Monsieur le Mareschal ly lerra sy le siège y vient. De Riverol [8] où est le camp des ennemys, jusques audict Caselles, il y a cept milles et la rivière à passé ; par quoy, il n'y seroyent estre de deux jours. Monsieur le mareschal m'a commandé tout à cest heure m'en aller à Moncallier [9]

[1] Albe, ville, à 44 kilomètres, sud-est de Turin sur le Tanaro.

[2] Hector de Pardaillan, seigneur de la Motte-Gondrin, fut, en 1562, lieutenant au gouvernement du Dauphiné. Peu aimé des catholiques, il s'était fait haïr des Réformés par ses violences réitérées. Il fut poignardé à Valence, le 25 avril 1562, par Jean de Vesc, seigneur de Montjoux, et son corps fut pendu à une fenêtre (Collombet, *Histoire de la Sainte Église de Vienne*).

[3] Francisque Bernardin de Vimercat, gentilhomme de la maison de Théodore de Trivulce, maréchal de France, servit la France sous François 1er et Henri II ; ce dernier le fit chevalier de Saint-Michel.

[4] Antoine de Passano, seigneur de Vaulx-en-Velin, maître d'hôtel du roi Henri II, fils de Jean Joachim de Passano.

[5] Laus, ville de la province de Turin, sur la Stura.

[6] Caselles, Casella, ville à 12 kilomètres nord de Turin, sur la Stura.

[7] Blaise de Montluc, né à Sainte-Gemme, près de Condom, en 1501. Il fit les guerres d'Italie ; à Cérisoles (1544), il décida du gain de la bataille ; il devint colonel général de l'infanterie française en 1555. Se montra très sévère contre les protestants en Guyenne. Il fut fait maréchal de France en 1573 et mourut en 1577.

[8] Riverol-Rivarolo, ville du Piémont à 20 kilomètres nord-est de Turin.

[9] Moncalieri, ville du Piémont, à 9 kilomètres sud de Turin, sur le Pô.

r tenir preste le reste de votre compagnie à fayre ce quy me comman-
a. Monseigneur, je vous puys bien assurer que vostre dicte compa-
e est la plus complette et la mellieure qui soyt en Piemont ; encores
jourd'huy, Monsieur de Vassé la dict tout au en plain conceil quy se
ommande bien fort à vostre bonne grâce. Et sur ce, après my estre
humblement recommandé, je suplieray Nostre Seigneur vous don-
en santé, bonne et longue vie.

e Turin, ce xiiiie de novembre.

otre très-humble et hobeyssant serviteur.

MONFORT.

a lettre suivante est écrite à M. D'Igié, baron de Montbellet, lieute-
t de la compagnie de M. de Maugiron.

XI. — 9 décembre 1552. — Le maréchal de Brissac a écrit au roi en sa
veur, et M. de Vassé le tient en haute estime. — M. de Vassé est à Bra
vec les Suisses. — Escarmouches aux portes de Cherasco. — Sept ennemis
és et trois Français. — Le capitaine La Charce est blessé. — Le camp des
nnemis est à Nice-la-Paille. — Dom Fernand est à Milan. — Sa compagnie
st encore à Caselles.

Monsieur, despuys ma dernière lectre, je me suis enquys pour savoyr
a vérité sy Monsieur le Mareschal avoyt escrit au Roy. J'ay sceu ser-
nement qu'il a escript et le plus en vostre faveur qu'il est possible et
rien hoblié dans sa lectre de ce quy vous peut proffité, pour donner
ntendre au Roy quy doyt fayre, ce de quoy il le prie. Monsieur de
ssé ne vous hoblie pas, suyvant la requeste que je luy en feys à Albe,
pance avecques la bonne volunté que Monsieur le Mareschal vous
te que mondict seigneur de Vassé feust cause qu'il escrit aussi affec-
usement pour vous, et par celluy mesmes quy m'a averty de cella que
vous escris. J'ay entendu non qu'il le m'ayt vollu entièrement décléré
e ung de pardessa priant Monsieur le Mareschal d'escrire pour luy
ur cest effayct et que s'yl a escrit, c'est seulement pour le contenter,
ainssy que le Roy voirra vous lectres et les siennes, y congnoystra
ez pour lequel mondict seigneur le Mareschal tien. Je n'ay peu tou-
oys savoy qu'il est ; vous me dictes à Turin ce que Monsieur Daussin
s en dict, quy me fayt croyre que ce n'est pas luy. Je ne scay sy ce
royt estre Monsieur de la Motte Gondrin car il estoyt à Albe en ce
nps là, et luy décléray comme à vostre amy la rayson pourquoy jey
oys à Albe, sy esse que je ne puys pancé qu'il vollust entreprendre
la ny aultre chose dessus vous. Monsieur, des novelles de ce pays,
nsieur de Vassé est encores à Bras ⁽¹⁾ avecques les Suysses, quelques
scignes de françoys et sa compagnie. Hier, feust dressé une escar-

____

⁽¹⁾ Bra, ville de la province de Coni, sur la Stura.

mouche aulx portes de Queyras [1] quy dura plus de deux heures ; feurent tués sept des ennemys et des nostres troys tués. Le capitayne La Charce [2] feust blessé et mené audict Queyras. Le camp des ennemys est à Nice la Paillye [3]. Le seigneur dom Ferrand est encores à Millan et dict-on qu'il a la goste. Je ne parle en fasson du monde de leur dellibérassion et au plus de voys que pour cest yver y ce reposeront. Dom Ferrand est après pour emprunter de l'argent à ceulx de Gennes à intéres. Nostre compagnie est encores en partie à Cazelles et l'aultre partie à Moncalier. Ceulx des nostres qui son à Cazelles ont prins quelques chevaulx ses jours passés entre Lombardo [4] et Sainct Ballaan [5]. Au demeuran, les novelles compagnies du Dauphiné non esté payé que pour huict vins hommes et les apointemens comme les Italiens. Mon frère a quicté sa compagnie incontinant qu'il porra avoir son congé, qui est tout ce que je vous puys pour le présant escrire, sinon que Monsieur le Mareschal est au lict de la goste despuys dix jors et que je n'ay poinct eu de vous novelles despuys que vous estes party. Et sur ce, Monsieur, je me recommande très humblement à vostre bonne grâce, priant Dieu vous donner en santé bonne et longue vie.

De Carmagnolle, ce VIIe de décembre.

Vostre pour jamays plus hobeyssant et affectionné serviteur.

MONTFORT.

XXXII. — Lettre à M. de Maugiron. — 11 janvier 1553. — Siège de Saint-Damien par dom Fernand, avec trois mille Espagnols, cinq mille Italiens, six mille lansquenets et mille huit cents chevaux ; — il fait faire des fossés autour de la ville ; — l'avis est que si dom Fernand ne peut pas prendre la ville, il se retirera dans son camp ; — il est assiégé par les soldats d'Albe et de la Citerne ; détails sur le siège.

Monseigneur, le sieur dom Ferrand, accompaigné de troys mille espaignolz, cinq mille italiens, six mille lansquenetz et dix huict cens chevaulx, tient assiégé la ville de Sainct Damien [6] despuys le premier jour de l'an, et de ce jour là mesme commença à tirer son artillerie de dessus une montagne assez loing de ladicte ville, et n'a encours sa dicte artillerie

[1] Cherasco, ville de la province de Coni.

[2] La Charce, Antoine de Montauban, seigneur de la Charce.

[3] Nice-la-Paille. — Niza surnommée della Paglia (c'est-à-dire de la Paille ou de Montferrat), ville du Piémont sur la Nizza et le Belbo, à 12 kilomètres nord d'Acqui.

[4] Lombardo, ville de la province de Turin au nord-est de Vulpian, sur la rivière de Salon qui se jette dans le Pô.

[5] Saint-Ballaan, ville de la province de Turin.

[6] Saint-Damien, San-Damiano, ville de Piémont à 12 kilomètres ouest d'Asti.

en bapterne, synon dans la ville à coup perdu pour rompre les mai-
s et essayer à rompre quelques deffences. Ilz ont si peu offensez ceulx
dedans que ilz n'a esté tué que ung souldart dung esclat seulement.
ont cessé de tirer despuys quatre jours pour miner une platte-forme.
fossez tout à l'entour de la ville sont si très parfondz et aussi qu'ilz
t ceans qui ne peult estre le plus profond de dix huict piedz. Par-
y, je ne puis pas croyre qu'ilz sceussent nuyre à ceulx de la ville
cques leurs mynes; desjà en a esté évanté troys; ilz en font encoures
ix qui sortiront en effect pour ce jourd'hui. Nous sommes tous d'op-
ion, si elles faillent que ledict sieur dom Ferrand se retirera avecques
 camp. Ceulx de dedans ont faict de belles sorties despuis qu'ilz sont
iégés et sont fort tormantez de tous coustés, car ceux d'Albe leur
nent toutes les nuictz d'alarmes; ceulx de la Citerne [1] en font aultant
leur cousté. Et nous qui sommes en ceste ville de Villeneuve [2] leur
rons le chemin d'Ax [3] à leur camp, et ne peult leur venir vivres en
r camp sans escorte de sept ou huict enseignes de gens de cheval et
ilz ne maynent force gens de pied avecques eulx. Vostre compaignie
t de chevaulx legiers, nous l'avons mis en troys. Tous les jours, mon
npaignon ou moy montons à cheval avec le tiers et menons force ar-
bousiers avec nous; avecques ce que nous avons, les villains du pays
 nous sont favorables et font le guet sur les montaignes pour nous
der d'estre surprins, si bien que nous ne sommes encourez montés à
val sans avoir quelque chose du leur. Et despuis que nous sommes
, nous avons prins plus de cent prisonniers mais non pas de grant
eur, sans ceulx qui ont esté tuéz. Hier, fust faicte une entreprinse,
is estions environ trois cens chevaulx et huict cens hommes de pied
 fusmes sur le bort de leur camp pour essayer si quelcung se vouldroit
bander et aussi pour leur rompre leurs vivres pour ce jour là, car tous
 chemins despuis leur camp jusques en Ax, furent baptus, prins et
z ceulx qui se trouvarent sur lesdictz chemins. Nous rencontrasmes
r escorte de gens de cheval qui, au lieu de venir au combat, se gec-
nt devant un village fossoyé à l'entour, et à la faveur de leurs gens
piedz ne se bougearent de là. Et pour ce que les nostres estoyent
eurez en leur embuscade assez loing et qui se faisoit tard, et aussi
 toute la cavallerie nous estoit à la queluc, nous fusmes contrainctz
nous retirer sans les combattre. Mon compaignon qui m'envoie les
reurs avecques quinze ou seize chevaulx donna dans leurs fossés où
ist tué dix ou douze lansquenetz à trois pas de leur cavallerie sans
ilz eussent le cueur de les secourir, et ne perdit mon compaignon
 ung des vostres, pas seulement ung de leurs chevaulx blessé; ung
hier de Monsieur de Vassé y fust tué dune arquebozade. Le sieur dom

Citerne, bourg des États sardes au sud-est de Quiers.
 Villeneuve d'Ast ou d'Asti, ville de la province et à l'est de Quiers.
 Asti, ville de la province et à 3o kilomètres ouest d'Alexandrie.

Ferrand, avecques quatre cens arquebouziers et toute sa cavallerie noz suyvit environ troys mille. Nostre retraicte se feist le pas à nostre advantaige qu'ilz neurent rien du nostre. Ilz neurent jamais la volunté si bonne de nous enfoncer, et si noz retirasmes partant tousjours ensemble et si prismes troys ou quatre charges qu'ilz ne voulsirent pas soubstenir. Je vous asseureray fort bien, Monseigneur, que vous avez une compaignie aultant déliberée de faire service que compaignie qui soit en France, car ilz ne demandent aultre chose que de combatre. Monsieur du Fau, que vous avez nourry, rompist hier sa lance dans le ventre d'ung lansquenet. Vous y avez faict, Monseigneur, une fort honneste norriture. Je suis le plus aise du monde que Monsieur le Mareschal est fort content de nous et qu'il nous a tous les jours en meilleure réputassion.

Monseigneur, en actendant qu'il survienne quelque chose qui mérite le vous faire entendre, je me recommande très-humblement à votre bonne grâce, priant Nostre Seigneur, vous donner en santé, très-bonne et longue vie.

De Villeneuve dax, ce xie janvier 1553.

Monseigneur, mon compaignon se recommande très humblement à vostre bonne grace ; il ne vous escript poinct parce que je vous escriptz sert pour tous deux. Nous sommes bien fort aises quant il vous plaist nous faire ce bien et honneur de nous faire savoir de voz nouvelles, aussi, Monseigneur, tous ceulx de vostre dicte compaignie se recommande très-humblement à vostre bonne grace.

Vostre très-humble et hobeyssant serviteur.

MONTFORT.

MONTMORENCY (ANNE DE), *connétable*.

XXXIII. — 16 janvier 1550. — Montres de Bresse, Dauphiné et Provence. — Les commissaires doivent faire diligence pour éviter les dépenses et pour soulager les gens d'armes.

Monsieur de Maugiron, j'ay receu la lectre que m'avez escripte, et est party Jehan Baptiste Macédoyne dycy pour aller faire les monstres de Bresse, Daulphiné et Provence, lequel se rendra incontinant la part que sera vostre compagnye pour en faire ladicte monstre, après celle de Bresse, et ne fauldra y estre bientost, car il s'en est allé en poste. Vous scavez comment je désire le soullaigement des gendarmes et du peuple, et voz prie de croyre que j'ay bien mandé aux commissaires qui facent dilligence de leurs dictes monstres affin qu'un chacun se retire en sa maison, ainsi que porte l'ordonnance que le Roy en a sur ce faicte. Priant Dieu, Monsieur de Maugiron, qu'il voz doinct ce que plus désirez.

De Bloys, ce xve de janvier 1550.

Vostre bien bon amy.

MONTMORENCY.

Au dos est écrit : A Monseigneur de Maugiron, chevalier de l'ordre du oy et son lieutenant général en Daulphiné et Savoye en l'absence de onsieur de Guise.

septembre 1550. — Il lui demande dans quelle ville sa compagnie est en garnison pour en faire la montre. — Entrée du roi à Rouen.

Monsieur de Maugiron, je vous prie m'advertir en quelle ville de Daul-iné vous avez mys en garnison vostre compaignie affin que je y envoye oict les commissaires et contrerolleurs que j'ay ordonnez pour faire sa ochaine monstre qui se fera en armes, comme avez j'a peu entendre r ce que le Roy vous a escript. Au demeurant, je vous advise que ledict igneur vint hier en ce lieu d'où il ne partira jusques à vendredy, faisant n compte de faire son entrée à Rouen le xxvii° de ce moys; et voz is asseurer qu'il est en très-bonne santé, Dieu mercy, lequel je prie us donner, Monsieur de Maugiron, ce que plus désirez.
De l'Isle-Adam, ce xvi° jour de septembre 1550.
Vostre bien bon amy.

MONTMORENCY.

ROSSET.

Humbert ou Albert de Rosset, seigneur de Prunières le Rosset, et nseigneur de Savines, chevalier de l'ordre du Roi, gouverneur de Gap, mmandant de la Provence en l'absence de M. de Gordes dont il était lieutenant, joua un rôle considérable pendant les guerres de religion. fut tué au combat du Pont de Blacons, regretté des deux partis à raison sa douceur et de sa loyauté.
Fils de Aynard de Rosset et de Blanche de Gérente Montclar.
Marié à Louise de Grimaldi, fille de M. Grimaldi, seigneur d'Antibes de M. de Quiqueran de Beaujeu. (Rivoire de la Bâtie, *Armorial de auphiné*.)

XXIV. — 2 mars 1552. — Peste à Briançon; — pauvreté des habitants; — il le prie de faire passer les gens de pied par la Provence; — il a écrit aux gens de Guillestre de préparer les vivres pour les gens de guerre. — Étapes d'Embrun et de Chorges.

Monseigneur, je voz scrivis de Brienson du xxiii° de febrier comme s avions despeché ung homme de Brianson pour donner entendre à . de Bizonnes la pouvreté de ce pais et le dangier de peste qui est core et despuis Monsieur de Doriny parti qui s'en va encore devers dict sieur de Bizonnes pour le païs avec lettres que vos a pleu luy faire ur faire passer les gens de pic qui doibvent venir de Piedmont par la rovence; Monseigneur, j'ay areceu avec ledict seigneur de Doriny que font point donne ordre que lesditz gens de pic ne passassent par icy, qu'il donnent le meilleur ordre qu'il luy seroit possible aux estapes de Brianson et de Houlx [1] à Guilhistre [2]. J'ay commandé aux edes dudict Guilhistre qui tiennent pretz les vivres nécesseres pour le passaige desditz gens de pie si passent par ycy pour les porter audict Guilhistre dedans xxiiii heures après que leur sera notifier se ferre et autant ney et à l'estape d'Ambrun. Mais sinon y est ordonné l'estape estre dressé audict Ambrun ne charge atan que de la peste qui y a esté perte qu'ilz n'ont entré encore partout et y peult avoyr de maisons dangereuses et s'en porroit suivre inconvénient tant por le service du Roy que por le pais, là où lesdictz gens de pie logeront après avoir logé auxdictz Embrun et Chorges [3] et les lieux des environs ne vouldront recepvoir l'estape disant quelle est ordonnée auxdictz Embrun et Chorges et que je ne la puis remuer. Je vos supplie qu'il vos plaise me commander comme vos plais que je face le cas advenant que lesdictz gens de pie passent par ycy.

Monseigneur, je vous supplie me commander vos bons et agréables pleysirs pour yceulx acomplir. Supliant, Monseigneur, le Créateur vous donner en santé, très-bonne et longue vie.

De Permens, ce iie de mars.

Votre très-humble et obéissant serviteur.

A. DE ROSSET.

Au dos est écrit : A Monseigneur, Monseigneur de Maugiron, chevalier de l'ordre du Roy et son lieutenant général en Daulphiné, à Vienne.

XXXV. — 4 mars 1552. — Gens de guerre passant par Barcelone et l'Argentière ; — visite des chemins.

Monseigneur, hyer receux une lettre que Monsieur de Termes [4] a escript de Brianson que s'il est adverti que les gens de pie qui doibvent venir puissent passer par Largantière [5] et Barcellone qui est bien con-

---

[1] Oulx, bourg du Piémont où il y avait une tour appelée la Tour du Dauphin.

[2] Guillestre, chef-lieu de canton (Hautes-Alpes) à 19 kilomètres nord-est d'Embrun, dans la vallée du Guil.

[3] Chorges, chef-lieu de canton de l'arrondissement d'Embrun (Hautes-Alpes).

[4] Paul de la Barthe, seigneur de Thermes, maréchal de France ; d'abord lieutenant du roi en Piémont, il devint lieutenant à Calais et dans tout le comté d'Oye, chevalier de l'ordre du roi, capitaine de cinquante hommes d'armes de ses ordonnances, gouverneur de Paris et de l'Ile-de-France, né en 1482 à Conserans ; il est mort le 6 mai 1562 âgé de près de quatre-vingts ans. Il était marié à Marguerite de Saluces-Carde. — Il a passé par tous les degrés militaires.

[5] L'Argentière, chef-lieu de canton, arrondissement de Briançon (Hautes-Alpes).

ent de exemter ce pais de Daulphiné du passaige desdictz gens de pied,
qu'ilz feroit bien d'y mander gens exprès pour entendre la vérité pour
respondre de ce qu'il promettra comme vostre bon pleysir sera de voyr
par ung doble que je vos mande de ladicte lettre; et aussi Monsieur de
Dornin qu'a esté vers ledict sieur de Thermes, et les consulz de Brianson
n'ont mandé que je ferois bien de mander ung gentilhomme pour visiter
es chemins desdictz Argantière et Barcillonne, pour puis de là, qu'il
s'en allast devers ledict sieur de Thermes pour luy donner entendre la
qualité desdictz chemins.

Monseigneur, pour les causes dessus dictes, je prie le sieur Auga [1] qu'est
les vostres d'y aler, se qu'il a faict en diligence, et si le passaige desdictz
gens de guerre s'adresse pour le pais, faudrat avoir commissere à chas-
cune estapes, aultrement sera mal aysé y porvoyr.

Monseigneur, je vos supplie me commander vos bons et agréables pleysirs, et je metray peyne por iceulx acomplir. Avoyr supplié le Créateur,
en sancté, vos donner bien bonne sancté, très-bonne et longue vie.

De Gap, se IIIIe de mars.

Vostre très-humble et obéissant serviteur,

A. ROSSET.

Monseigneur, avoir escript la présente, ay esté averti que la bande de
Paul Draguyn arriva lundi deuxiesme de ce moys à Suze, et que je me
cuydes à cause de la lettre qu'a escripte Monsieur de Termes aux Consulz
de Brianson et de la lettre que m'a escripte Monsieur de Dornyn desquelles
je vous mande le double.

XXXVI. — 10 mai 1552. — Avitaillement du chasteau d'Exilles. — Procuration
pour obliger le pays à faire cet avitaillement; — obligation de 1161, 5 sous
envers M. de Bardonnenche.

Monseigneur, dernièrement à vostre département de Grenoble, il vous
pleut moy commander de aller trouver le prothonotaire François Roulx
pour entendre de luy ce que luy aviez commandé pour ladvitailhement
du chasteaul d'Aichiiles [2], lequel me dict que avies ordonné pour à ceste
heure pour ledict avithuailhement dix charges froment, dix charges de
vin et deulx lardz. Lequel prothonotaire me passa une substitution de
procure pour aller obligé le peys à ce que cousteroient lesdictz blé, vin
et lard et desdictz vivres en prendre receppissé dudict cappitaine.

Monseigneur, actandu la petite quantité desdictz vivres, et que je n'a-
voys nulle aultre charge comme de passer ledict obligé et prendre le ré-
cépissé dudict cappiteine, me suis pancé que cella se pouvoyt faire à Grenoble sans retarder le service du Roy, ce que j'ay faict pour éviter des-

[1] Jacques de Piard, gentilhomme de la compagnie de M. de Maugiron, dit
e capitaine Auga, fit les campagnes de Piémont.

[2] Exilles.

pans au pays et m'en suys obligé au nom dicelluy à Monsieur de Bardonnenche à la somme de cxvi livres 5 sous, et ledict cappitaine m'a passé
receppissé desdictz blés, vin et lard comme oyste par le secrétaire des
Estatz. Et suys asseuré qu'il prendra bonne densrée pour ce qu'il en jouyra
s'il vient à propos. De quoy vous ay bien voullu advertir pour scavoir s'il
vous plairra vous contenter comme ainsy il aye proceddé.

Monseigneur, je supplierey le Créateur, en bonne santé, vous donner
bonne et longue vie.

De Corp [1] ce x^e may.

Vostre très-humble et obeyssant serviteur.

A. ROSSET.

XXXVII. — 22 mai 1552. — Avitaillement des places fortes. — Visite aux
châteaux de Guillestre et de Varces. — Prise de Dronier; — envoi de quatorze charges de vin à Château-Dauphin. — Importance de la ville d'Embrun. — Il est allé vers le comte de Tendes.

Monseigneur, hier au matin, environ onze heures, je receuz une lettre
qu'il vous a pleu moy escripre pour lavituailhement de ses places fortes
de ses montagnes datée du dix huictiesme de ce présent moys, et quatre
heures après, je receuz vostre pacquet dans lequel avoyt une aultre vostre lettre, ensemble une commision que semblablement il vous a pleu moy
envoyer pour les avitualhemens et aultres afferes concernans pour la
garde de ce pays de montaignes; et, auparavant avoyr receu des lettres
qu'en vostre absence, Monsieur le Premier Président [2] et Messieurs de la
Court m'avoyent escript. Et à l'exécution desdictes lettres, j'ay prins à
Ambrun quatre vins neufz livres pouldre fine et vint et deux livres demie
plomb que feust tout ce que trovis audict Ambrun; ce que je mandis au
Chasteau Daulphin des hier au cappitaine Cannel par ung homme que me
bailharent les consulz d'Ambrun qui m'a passé obligation de le pourter
audict Cannel et m'en rappourter acquict. Et puys après, j'ey ordonné à
la hatte pour la garde et tuytion de ce pays, comme il vous plaira voir par
ung double des ordonnances que j'ey sur ce faictes. De là, m'en suys venu
à Guilhestre là hout j'ey fect semblables ordonnances, et les gens de
Monsieur d'Ambrun ont mis dans son chasteau de Guilhestre gens pour
la garde diceluy et demain au chasteau de Vars [3] feront le semblable. Et
estant arrivé à Guillestre, j'ey eu nouvelles commant Dronier cest randu,
comme il vous plaira vóyr par une lettre que ceulx de Guilhestre ont
receue que je vous envoye. Et incontinent ay despéché homme à Chasteau-Daulphin au cappitaine Cannel, auquel j'ey escript qu'il me mandast

---

[1] Corps, chef-lieu de canton, arrondissement et à 60 kilomètres sud-est
de Grenoble (Isère).

[2] Claude Paschal ou Pascal.

[3] Vars, canton de Guillestre, arrondissement d'Embrun (Hautes-Alpes).

dvertissement comment vont les afferes de par della, pour puis après vous
n advertir, et si luy ay mandé qu'il advertit de ce que luy seroit néces-
aire pour l'avituaillement de son chasteau qui ne se pourroyt trover de
ella la montaigne et l'avoyr entendu, je lui envoyeray Cependant, j'ey baillé
ommission à Jean Marie [1] de luy fere pourter quatorze charges de vin
our ce qu'on m'a dict que de pardella ne s'en treuvoyt point, et troys
uintaulx de sel et vint-cinq livres de pouldre qu'il prendra sus Guilhes-
re. Vray est que les consoulz de Guilhestre se ploignent grandement de
a pouldre disant leur estre necessaire pour la garde de leur lieu, comme
ussy feysoient ceulx d'Ambrun, disant que la ville d'Ambrun est aussy
angereuse que Chasteau-Daulphin et de plus grande importance et que
lustost, on leur debvroyt bailher davantaiges que les en desmeubler.
Iais pour ce qu'il vous a pleu moy commander en prendre audict Ambrun
t en lieu ou j'en pourres trouver, je ley faict, et audict Ambrun à deux
naistres provencaulx qui font ladicte pouldre qui m'ont dict qu'il leur
ailhera payement, qu'il en fourniront bonne, mais sans payement à cause
u'ilz sont poures compaignons, seront contrains s'en aller. Et au partir
ludict Guilhestre m'en suys venu en ceste ville comme il vous a pleu
noy commander par vous dictes lettres pour donner ordre à l'avituailhe-
nent des chasteaux deyxilles et dicy là out j'ay trouvé le capitaine Beau-
oys lequel y a jà donné ordre ainsi qu'il vous escript. Vendredy, vin-
iesme de ce moys, passarent deux hommes de Barcillone només Anthoine
erard et Bellon à la .... allans en poste vers Monsieur le comte de
ende [2], et dilon quilz alloyent demander secours pour se garder, que
nect en doubte plusieurs; aussi lon dict que jeudi dernier, fust trouvé un
omme en ung lieu appellé Rochebrune [3] en Provence, près le ...... soy
nquérant bien fort des chemins de ce pays là, mesmes davignon ; que
espuys on na sceu quest devenu. La prinse de Dronier tient grandement
n craincte les lieux ausquelz ilz peuvent venir dans vostre gouvernement
omme verres par une lettre que vous envoye.

Monseigneur, je ne fus jamais plus affectionné pour fere service au Roy
t à vous hobeyr par icelluy et en tous aultres endroictz qu'il vous plaira
ne commander, mais je crains ne pouvoir m'acquitter de la charge qu'il
ous a pleu moy donner pour le service dudict sieur et pour vostre con-
entement, causant la indisposition de ma personne, mesme de ma veue,
e laquelle, pour le plaisir de Dieu, en suys assez mal, tellement que ne
oys plus lire et se ne cognoys guières les gens qu'au parler. A cause de
uoy ay esté contrainct de prier Monsieur Champolieu qui entend bien
n telles affaires venir jusques ycy avecques moy, ce qu'il a faict, non

[1] Jean-Marie, fournisseur des vivres à Château-Dauphin, Exilles, etc.

[2] Claude de Savoie, colonel des Suisses, gouverneur de la Provence en
562, mort à Fréjus en 1568.

[3] Rochebrune, commune du canton de Chorges, arrondissement d'Embrun
Hautes-Alpes).

partant, Monseigneur, je vous hobeyrey toute ma vie en ce qu'il vous plaira me commander.

Monseigneur, je supplierey le Créateur vous donner, en santé, bonne et longue vie.

De Briançon ce XXII° may, une heure après la minuict.

Demein, je m'en retournerey à Ambrun et passerey à Guilhestre pour vous advertir de ce qu'il surviendra.

Vostre très-humble et très-hobeissant serviteur.

A. ROSSET.

XXXIX. — 25 mai 1552. — Demande de secours par les habitants d'Acceil ; — les ennemis tiennent la Val-de-Maire et de ce côté peuvent entrer en Dauphiné. — Visite aux capitaines du Briançonnais. — Passage à Demont du capitaine Léonard pour gaguer la frontière ; il s'est retiré à Revel. — Ledit capitaine a sommé Barcelonnette de se rendre.

Monseigneur, présentement les consulz de Guilhestre ont reçu une lettre des habitants d'Acceil[1] estant de la vallée de Mayre par laquelle vous plaira voir comme ilz demandent secours aux gens de ce pays ycy, et nonobstant que ledict Acceil et Val de Mayre soyent du marquisat de Saluces, si est ce que c'est la principale deffence des montagnes de ce cousté du Daulphiné, car si les ennemis la tiennent, ilz peuvent venir par plusieurs lieux en ce pays, et fauldroyt grand nombre de gens en armes par ses montaignes incontinant ladicte vallée rendue. Et vous plaira d'adviser le plus toust que sera possible, car l'affaire requiert célérité. Si vous plaist les secourir et s'il vous plaist le faire adviser là où se prendront les gens pour y aller et par quy seront conduictz, car il y aura bien affaire les secourir des gens de ce quartier ycy pour ce qu'ilz sont en maulvais équipaige et tous gens de guerre, et qui maulgré eulx sortiront de leur pays si nest pour voz obeyr. Joinct qu'il nest besoing houster les gens de ce quartier, ains sera plus toust nécessaire y en mectre davantaige le cas advenant que l'ennemy entrepreigne d'y venir, comme est à craindre.

Monseigneur, voz plaira adviser si seroyt bon dépputer cappitaines par ce pays de montaignes, Gappençois, Embrunoys, Briançonnoys, pour voir les gens qui y sont pour faire service et yceulx enroller et les faire tenir prestz pour les mener là où sera nécessaire pour la deffence de cedict pays et comme vous plaira commander. En escripvant la présente sont encores arrivés deux messagiers qu'avoyent mandés les consulz de Guilhestre, lesquelz font extrême diligence pour scavoir des nouvelles et ont apporté deux lettres, lesquelles voz envoye. Et ont dict lesdictz messaigiers de bouche que ung appellé cappitaine Léonard lequel a demandé

[1] Acceglio, bourg du Piémont dans le Val-de-Maire.

ssaïge à Demont[1] pour venir à la vallée de Mayre, et qu'il entend et
ult venir gaigner les passaiges de ce pays pour garder le secours de
ance d'aller en Piedmont, ce que aulcunement accorderoyt aux adver-
semens que le cappitaine Brincard apporta du cousté de pinerol, les-
elz je voz mandis hier de Brianson. J'ay escript à ceulx de ladicte val
Mayre que nous ferons toute diligence pour les secourir et que le
cours de France sera bientoust en Piedmont, les exhortant de tenir bon.
y entendu que le cappitaine du chasteau de Dronier sest rendu avec
dague tant seulement et les souldatz sans armes, ledict capitaine s'est
tiré à Revel[2].
Monseigneur, vous plaise adviser où se prendra argent pour satisfaire
x affaires qui surviennent journellement sans lequel l'on n'y peult
tisfaire.
Monseigneur, encores escripvant la présente sont arrivées novelles du
usté dembrun comme ledict cappitaine Leonard a sommé Barcelonne
se rendre et que Monsieur de Villeneufve, viquaire audict Barcelonne,
mande secours.
Monseigneur, je supplierey le Créateur, en parfaicte sancté, voz donner
nne et longue vie.
De Guilhestre, ce xxvᵉ may, environ huict heures du matin.
Vous plerra, Monseigneur, adviser s'il fault mener gens dung cousté en
ltre, comment seront payés pour vivre, comme desjà voz ay escript de
ançon.
Vostre très-humble et très-hobeyssant serviteur.

A. Rosset.

. — 30 mai 1552. — Éloignement des ennemis, renvoi des gens de guerre :
— garde des passages ; — les consuls d'Embrun, des Orres, de Guillestre et
le Vars envoient des espions du côté des ennemis pour avoir des nouvelles ;
— montres faites dans les châteaux. — Le capitaine Brincard est à Val
Cluson, attendant le capitaine Beauvoir. — Avitaillement de Château-Dau-
hin ; — les ennemis tentent de forcer la Val-de-Maire.

Monseigneur, par vous lettres missives que vous a pleu mescripre du
gt quatriesme et vingt cinquiesme de ce présent moys, vous a pleu
y mander commant Monseigneur le mareschal de Brissac vous avoyt
ndé que les ennemis se estions élougnés à cause de quoy nestoit besoygñ
mettre le Roy en despance ne le pays en peyne, et que vous aves
ndé aux cappilaines des forteresses quil donnasse congé aux hommes
estoyent de creue et que je fisse le semblable. Incontinent, je dis au

[1] Demonte, ville de la province et à 20 kilomètres au sud-ouest de Coni
émont), sur la Stura.
[2] Revel, commune du canton du Lauzet, arrondissement de Barcelonnette
sses-Alpes).

cappitaine du Chasteau-Queyras [1] qu'il cassat les gens quil avoit mis
dedans le Chasteau-Queyras, y laissant trois ou quatre hommes et aussi que
a faict le cappitaine Monsieur de Beauvoyr [2]. Et quant à ce que vous a pleu
moy commander par vousdictes lettres que deleysasse les gardes ques-
tions sur les passaiges jusques à la venue dudict seigneur de Beauvoyr.

Monseigneur, je vous advertis que pendant que la Val de Mayre tenet
bon et la Val de Asturant [3], je naves mis aultres gardes sur les passages pour ne mettre le pays en despance, si n'est que j'avois commandé
aux consuls dambrun, des Orres [4], de Guilhestre et de Vars de mander
continuellement espions du cousté des ennemis pour entendre des novelles, ormys que aux deux chasteaux des Horres, là hout Monsieur le Vibayli
desteville y mist quelques gens du lieu des Horres, comme je luy avoys
donné charge et ay faict faire la monstre partout, commandant à ung
chescung se tenir prest pour aller là hout sera ordonné pour la deffence
du peys et mander au cappitaine Brincard qu'il ne bougeast de Val Cloust [5]
jusques à la venue dudict seigneur de Beauvoyr en venant de Briançon.
Le vingt quatriesme de ce moys, je trovis Jehan Marie que fis despartir
pour porter les vivres au chasteau Daulphin, lesquelz je lui avoys ordonné
en allant à Briançon, et y fis porter quatorze charges de vin, lesquelles
fis prendre à Sainct Clément [6] et à Reottier [7] et troys quintaulx et
vingt deux livres huylle dollive et troys quintalz de sel que je fis payer
aux consulz de Guilhestre, deux lardz qu'il prins à Queyras, allant comme
a dict le procureur de Briançon, lequel procureur de Briançon m'a dict
que le seigneur de Beauvoyr avoyt arrésté que cest asses de mander encore
audict chasteau Daulphin un quintal de chandelles, six torches, deux lardz
et dhuylle de noix pour la lumière comme je pence que ledict seigneur
de Beauvoyr vous a adverti. Le cappitaine Cannel m'a script n'avoyr receu
que septante huict livres de pouldre que je luy mandis desteville et je
luy en avoys mandé quatre vingtz neuf, et par ansan sen sont perdu onze
livres. Mais fauldra que ung.......... de Sainct Véran [8] qui porta la dicte

<hr>

[1] Queyras, château fort dans la commune de Ville-Vieille, canton de
Briançon (Hautes-Alpes).

[2] Sébastien de Maugiron, *dit le capitaine Beauvoir*, capitaine de Briançon,
fils naturel d'Antoine de Maugiron, seigneur de Beauvoir-de-Marc et de la
maison forte de Leyssins.

[3] Val de Sture, vallée du Piémont qui suit la rivière de Stura.

[4] Les Orres, commune du canton d'Ambrun (Hautes-Alpes).

[5] Val Cluson, vallée du Piémont qui débouche du col du mont Genèvre et
suit la rivière de Clusonne.

[6] Saint-Clément, commune du canton de Guillestre, arrondissement d'Embrun (Hautes-Alpes).

[7] Réotier, commune du canton de Guillestre, arrondissement d'Embrun
(Hautes-Alpes).

[8] Saint-Véran, commune du canton d'Aiguilles, arrondissement de Briançon
(Hautes-Alpes).

uldre en rende compte comme je le fis obliger par meyn de notere
ant que la luy bailher.

Monseigneur, il a esté vostre bon plaisir me faire tant de bien moy
ander par vous dictes lettres que vous troves bon ce que j'ey faict pour
vithuellement des forteresses de ce pays et deffence dycelluy, suyvant
que vous a pleu moy mander et commander par vous missives et pa-
ntes. De quoy, je rendz grâce à nostre Seigneur, car sestoit la chose
a ce monde que je cregnes le plus, cest ne pouvoyr satisfere à la charge
i vous a pleu moy donner.

Monseigneur, je vous suplie me commander vous bons plaisirs, et je
ettrey peyne à vous obeyr toute ma vie, à l'ayde de Nostre Seigneur,
quel je supplierey, en bonne prospérité, santé, vous donner bonne, lon-
ue vie.

D'Ambrun, ce trentiesme de may 1552.

Monseigneur, je vous advertis que lespion de vous ma dict que les conne-
is estoint encore après pour forcer la Val de Mayre, mes hon les a bien
posée.

Vostretrès-humble et obeyssant serviteur.

A. Rosset.

LI. — Sans date, mais se rapportant à peu près à l'année 1544. — Il est allé
à Glandèves pour s'informer de la valeur de l'évêché. — Les gens de guerre
passent par la Provence.

Monseigneur, aujourd'huy ay receu vostre lettre dattée du septiesme
e ce moys par laquelle vous a pleu me commander d'aller à Glandesves [1]
e informer de la valleur de lavesché dudict Glandesves, laquelle le Roy
donné à Monsieur vostre filz [2], comment elle est gouvernée et par quy,
t qui la tient soubz la main du Roy, et que je fasse le bruict que la voul-
s tenir à vostre main non portent comme je voys de treuver quelcung
ue la veuilhe offencer et que je fesse entendre à Madamme des exortz qui
a tient quelques piesses, quelle se contente de ce quelle a prins.

Monseigneur, je ne fauldrey tout incontinent d'aller à Glandesves pour
xécuter ce que vous a pleu me commander par vostredicte lettre et
ence treuver là quelques amys qui m'y ayderont, et estre de retour, vous
dvertirey le plus toust que sera possible de ce que aurey faict. Je pence
ue aves receu les lettres que vous escript Monsieur de Termes pour fere
asser les gens de pied qui viegnent de Piedmond par la Provence, et

[1] Glandèves, dans l'arrondissement et à 47 kilomètres nord-est de Castel-
ane (Basses-Alpes), jadis siège d'un évêché; il n'en reste qu'un vieux
hâteau.
[2] Le roi, étant à Saint-Germain-en-Laye, a accordé, le 18 novembre 1544,
évêché de Glandèves à M. de Maugiron, son lieutenant en Dauphiné, pour
un de ses fils. Ce fut Aymard de Maugiron qui eut ledit évêché.

j'ay mandé despuis jeudy à Marcelhe les lettres que escript ledict sieur de Termes à Monsieur de Grignan et à Monsieur lenbeyssadeur tout ainsin que Monsieur de Dournin mavoyt dict.

Monseigneur, je vous supplye me commander vos bons et agréables playsirs et je mectray peyne à yceulx acomplir.

Monseigneur, je supplierey le Creatheur vous donner en bonne sancté, très bonne et longue vye.

Vostre très-humble et très-obéissant serviteur,

A. ROSSET.